Lizzy *Parra*

LIDERA EL AHORA

Cómo liderar *con* propósito *en una* generación distraida

LIDERA EL AHORA

Cómo liderar con propósito en una generación distraída.

Editado por:
Diseño de portada & layout: Pablo Montenegro

Publicado por Editorial Renacer

Paperback: 978-1-971307-07-7
Hardcover: 978-1-971307-08-4
eBook: 978-1-971307-09-1

Impreso en Colombia

CONTENIDO

AGRADECIMIENTOS

A lo largo de mi vida, Dios ha usado distintos líderes para marcarme de manera definitiva, cada uno reflejando un aspecto del carácter que hoy admiro y persigo.

Gracias al reverendo José Rafael Parra, un líder íntegro, cuya vida me enseñó que el carácter siempre pesa más que el talento.

Gracias a Belinda Crooke, una líder apasionada, que me mostró que la fe no se vive a medias y que el fuego bien cuidado puede sostenerse en el tiempo.

Gracias a Datsa Valdez, un líder sacrificial, cuyo ejemplo me recordó que el liderazgo verdadero siempre tiene un costo personal.

Gracias a Fernando Mejía, un líder intencional, que me enseñó que nada verdaderamente transformador ocurre por accidente.

Y gracias a Riqui Gell, un líder catalizador, capaz de provocar crecimiento en otros y de empujar a las personas a convertirse en una mejor versión de sí mismas.

Cada uno, desde su esencia y su forma de liderar, dejó una huella imborrable en mi vida y ayudó a formar el liderazgo que hoy procuro vivir sin cera.

Gracias a Iglesia Casa y a su equipo de liderazgo, por ser hogar y laboratorio. El espacio donde la fe se vuelve práctica, el carácter se forma y el liderazgo se vive con personas reales y procesos reales. Gracias por caminar conmigo.

Gracias a Editorial Renacer, por creer en esta obra y convertir años de convicciones y procesos en un libro que pueda servir a generaciones.

Y, sobre todo, gracias a Jesús, nuestro Líder por excelencia. El que nos enseñó que liderar es servir, que la autoridad se expresa en gracia y que el camino más alto pasa por la cruz.

A Él sea toda la gloria.

INTRODUCCIÓN

Si hay una palabra que ha marcado mi vida desde que tengo memoria, es "líder". No porque la buscara, no porque la quisiera, sino porque me persiguió sin descanso. Como una sombra alargada en la pared al atardecer, el liderazgo siempre estuvo ahí, siguiéndome, llamándome.

Desde niña, cuando el sol se ocultaba y las luces de las casas parpadeaban en la calle, yo era la que organizaba los juegos nocturnos.

—Vamos, chicos, hoy jugamos escondite en toda la cuadra.
—¡Sí! Pero, ¿quién elige los equipos? —preguntaba uno de los niños.
—Yo me encargo. Tú con él, tú conmigo —respondía sin dudar, mientras todos asentían.

Si alguien protestaba, yo negociaba. Si los padres ponían restricciones, yo era la que conseguía que nos dieran un rato más.

—Señora, le prometo que estaremos de vuelta antes de las nueve —decía con una sonrisa confiada.

Era como si llevara un sello invisible en la frente: "Ella manda". Siempre fui la capitana, la estratega, la que tenía que asegurarse de que todo saliera bien. Y aunque me encantaba esa sensación de estar en control, de ver cómo los demás confiaban en mis decisiones, en el fondo había un peso invisible que apenas comenzaba a notar.

Con los años, esa posición empezó a pesarme. En la adolescencia, la influencia que ejercía sobre mi círculo se volvió una carga difícil de llevar. Recuerdo el día en que una profesora en la secundaria me dijo:

—Si Isaac hizo eso, es porque tú lo dejaste.
Me quedé helada.
—¿Yo? —pregunté, incrédula—. ¿Cómo puede ser mi culpa si ni siquiera estaba ahí?
—Tú eres la líder —insistieron—. La cabecilla del grupo. Si hacen algo malo, tiene que ver contigo.
No fue una sola vez. Una y otra vez escuchaba lo mismo.
—Si ellos se comportan así, es porque te siguen a ti.
—Si hicieron algo malo, ¿qué clase de líder eres?

Y entonces, algo dentro de mí se quebró. Empecé a preguntarme si realmente quería eso. Si ser líder significaba cargar con culpas ajenas, si significaba estar siempre bajo el escrutinio de otros, si significaba tener que justificar acciones que ni siquiera había visto... entonces no quería más.

Hubo tardes en las que lloré de frustración.

—¡No es justo! —gritaba en mi habitación mientras golpeaba la almohada—. ¡No puedo controlar a todo el mundo!

Pero, por más que quisiera huir, el liderazgo me perseguía. Aunque intentara pasar desapercibida, aunque intentara callarme en las reuniones del grupo, la gente seguía mirándome esperando una respuesta, una dirección. Y eso me asustaba.

—¿Y si fallaba? —me preguntaba—. ¿Y si llevaba a otros por el camino equivocado? ¿Y si realmente no tenía lo necesario para ser una líder?

Es curioso cómo Dios nos conoce mejor que nosotros mismos. Mientras yo huía, Él esperaba pacientemente a que entendiera lo que ya era evidente.

Un día, en una conversación con Dios, le pregunté:

—¿Por qué yo?

Y en lo profundo de mi corazón sentí una respuesta:

—Porque te di un don.

No era una casualidad, no era una condena. Era como un superpoder. Tenía la capacidad de influir en otros, de empujarlos hacia un objetivo, de ser escuchada con facilidad. Había algo en mí que atraía a la gente, que generaba confianza. Y entonces lo entendí: Dios me había escogido para liderar.

—Toda buena dádiva y todo don perfecto desciende de lo alto, del Padre de las luces, en el cual no hay mudanza ni sombra de variación —recordé el versículo de Santiago 1:17.

No podía rechazar lo que Él me había dado. No podía seguir viendo mi don como una carga, sino como una herramienta para transformar vidas. Por lo tanto, me toca a mí decidir liderar.

Desde ese momento, decidí ser intencional. Aprendí a usar lo que Dios me dio para guiar a otros a su propósito, para empujar a las personas a desarrollar su potencial, a salir del estancamiento y avanzar hacia su destino. Entendí que mi misión era ayudar a otros a caminar hasta que corrieran hacia los planes que Dios diseñó para ellos. Y desde el día en que abracé mi llamado, nada me ha hecho más feliz que vivir mi propósito.

Desde entonces, he dirigido uno de los movimientos de evangelismo más trascendentales de los últimos diez años en la República Dominicana. Junto a un grupo de jóvenes sin recursos, predicábamos cada sábado en cada barrio del país.

—No tenemos dinero, pero tenemos fe, somos la gente a la que Dios mantiene — Nos repetíamos. Por años, alcanzamos a los perdidos entre las esquinas llenas de comerciantes ilegales y chicas de la vida alegre.

Luego trabajé en el discipulado de jóvenes en edad estudiantil a nivel nacional, alcanzando a miles. Y hoy, con la misma pasión y determinación, estoy plantando Casa, una iglesia de rápido crecimiento en la República Dominicana.

No te hablo desde la teoría. No te hablo desde una posición lejana. Te hablo desde mi historia, desde mis cicatrices y mis aprendizajes. Te hablo porque sé lo que significa tener un llamado, pero también sé lo que significa temerlo. Y quiero ayudarte a entender que, si Dios ha puesto liderazgo en ti, no es un accidente. No es un error. Es un regalo, y este libro es mi manera de ayudarte a descubrirlo y a usarlo para transformar tu vida y la de los que te rodean.

> **"SI SER LÍDER SIGNIFICABA CARGAR CON CULPAS AJENAS, ENTONCES NO QUERÍA MÁS."**

Aquí comienza tu viaje hacia el liderazgo que Dios soñó para ti.

ESTAMOS EN CRISIS

Sin embargo, cuando miro a mi alrededor el día de hoy no puedo evitar preocuparme por la realidad que estamos viviendo. Me estoy dando cuenta que estamos en crisis, la necesidad se hace cada vez más obvia delante de nuestros ojos y necesitamos voces que se levanten para decirle a nuestra generación que estamos corriendo un grave peligro.

Nos enseñaron que el éxito es un viaje solitario, que depender de otros es un riesgo, que la autosuficiencia es la llave para abrir las puertas de nuestro futuro. Crecimos con la idea de que debíamos hacerlo todo por nuestra cuenta. No es casualidad. Hemos sido moldeados por una cultura que eleva la independencia a un pedestal. Nos dijeron: "Sé tu mejor versión" y "Nadie vendrá a salvarte". Así, nos formamos con una mentalidad de que estar solo es lo correcto.

Venimos de un pasado en el que las comunidades unidas eran la norma, pero hoy vivimos en un mundo donde cada quien sobrevive a su manera. ¿Por qué? Porque vimos a generaciones pasadas sacrificarse por sistemas que no siempre respondieron como esperaban. Nuestros padres y abuelos trabajaron por años en empresas que los reemplazaron sin pensarlo, confiaron en instituciones que no los cuidaron, siguieron reglas que los dejaron vacíos.

Así que crecimos con otro chip: "Hazlo por ti mismo".

Y luego llegó la era digital. Ahora nos comunicamos con emojis más que con palabras, tenemos cientos de amigos en redes, pero pocos con quienes realmente contar. La tecnología, que prometía acercarnos, ha creado una generación hiperconectada, pero profundamente sola.

Al observar lo que hemos perdido, no puedo evitar pensar en lo que la iglesia primitiva era. No era un grupo de creyentes aislados, luchando en solitario. No. Eran un solo cuerpo. Nadie decía "esto es mío" porque comprendían que todo lo que tenían provenía de Dios y debía ser compartido. Comían juntos, oraban juntos, reían y lloraban juntos. No había soledad porque se pertenecían los unos a los otros.

Imagínalo. Una comunidad donde nadie es invisible, donde tu carga es llevada entre muchos, donde siempre hay alguien orando por ti. Una iglesia viva, ardiente, imparable.

Eso es lo que fuimos llamados a ser. Y esta es justamente la gran crisis, hemos perdido la esencia y junto con la esencia, gente con el ferviente deseo de ser guardianes de la misma.

Cuando la comunidad pierde importancia, el liderazgo se vuelve irrelevante. ¿Para qué un líder si cada quien va por su cuenta? Si nadie se siente parte de algo más grande, ¿a quién le importa quién guía el camino?

Por eso hoy, muchos evaden el liderazgo. Ya no es atractivo. Antes, un líder era alguien que servía a su gente, que los protegía, los inspiraba y caminaba con ellos. Ahora, en un mundo donde cada quien "se rasca con sus propias uñas", el liderazgo parece innecesario. Ser líder ya no está de moda porque la gente prefiere no involucrarse, no cargar con nadie más.

Pero aquí está el problema: sin líderes, la sociedad se vuelve un caos de individualismo. Todos hacen lo suyo, pero nadie guía, nadie une, nadie se preocupa por el otro. Y así terminamos con generaciones confundidas, sin rumbo, sin modelos a seguir.

No caigas en esa trampa. El mundo necesita líderes más que nunca. No dejes que la cultura te convenza de que tu iniciativa no importa. Importa. Y mucho.

Mira a tu alrededor. Hay gente que te sigue, aunque no te des cuenta. Hay personas que observan tu ejemplo. Tu liderazgo ya está en acción. Si no asumes tu lugar, alguien más lo hará, pero tal vez sin los valores ni la visión que se necesitan.

MI GRAN RETO

Habiéndome percatado de esta necesidad, no podía quedarme de brazos cruzados.

Aquí estoy, en medio de la noche, mientras Roma duerme a mi lado, tratando de no hacer ruido. Me exijo a mí misma enfrentar un reto tan ambicioso que podría sonar desproporcionado. Quiero escribir un libro sobre liderazgo.

Pero no cualquier libro sobre liderazgo. Ahí está el reto. He leído decenas de libros escritos por personas con décadas de experiencia. Profesionales que podrían superarme en cualquier área relacionada con la inteligencia interpersonal o los esquemas organizacionales. ¿Qué podría decir una joven de 30 años, cuya única experiencia en el liderazgo son 12 años trabajando con

SIN LÍDERES, LA SOCIEDAD SE VUELVE UN CAOS DE INDIVIDUALISMO.

la generación presente de jóvenes dentro de algunas iglesias de Latinoamérica?

Exacto.

Aquí está la clave: estoy liderando la misma generación que estoy llamando a guiar. Esa perspectiva única me impulsa a compartir con mis compañeros de trabajo, la difícil tarea de liderar la iglesia en nuestro contexto actual. Así como los libros de experiencia aportan un valor irreemplazable, la urgencia de compartir lo que he aprendido en los últimos años dentro de la iglesia local y en el impacto global de la iglesia se hace cada vez más inminente. Quiero escribir mientras la experiencia de liderar esta generación aún está fresca en mí.

Soy exactamente como tú. Y creo que la clave para liderar en esta generación radica en entenderla, en desafiar los argumentos culturales que han apagado a los líderes que caminan entre las multitudes hoy, sintiéndose uno más, sin comprender el peso de lo que llevan por dentro.

Mi reto es crear el libro que cualquier líder de la generación presente en ascenso desearía leer. Un libro que contenga lo indispensable, lo que no se puede dejar fuera. Pero también algo que sea accesible, práctico y motivador. Quiero crear un libro que usarías con la frase: "Empieza con este". Quiero escribir un libro que te inspire tanto que, al terminarlo, busques leer otro sobre liderazgo. Te recomendaría buscar uno ahora de aquellos que de verdad *sí* saben. Bromeo.

Lo sé, tal vez me estoy sobreestimando, pero empujar mis límites es parte del liderazgo en mí.

Jesús mismo nos dio el mejor ejemplo de liderazgo: Él actuó, inspiró y dejó una herencia eterna. No se quedó esperando que las cosas pasaran, sino que se movió con propósito. ¿Y sabes qué? Nos dejó su Espíritu para que hagamos lo mismo. No estamos solos en esto. Si Dios te ha llamado a liderar, Él mismo te capacitará. Pero hay algo que debes entender:

"Al que mucho se le da, mucho se le demandará" (Lucas 12:48).

Este libro no es para los que buscan un liderazgo cómodo. No es para los que quieren títulos sin responsabilidades. No es un trofeo ni una medalla que te cuelgas al cuello. Es un compromiso con Dios, con las personas que te siguen y contigo mismo. ¿Estás listo para asumirlo? ¡Es hora de liderar!

CAPÍTULO 1

QUE ESTÁS VIENDO

UN LÍDER EMPÁTICO

CAPOTILLO NO ES ASUNTO MÍO

La primera vez que fui a Capotillo, uno de los barrios con mayor índice de criminalidad de la República Dominicana, recibí una bienvenida que jamás podría haber imaginado. Estaba con el equipo de filmación con el que trabajaba; íbamos a grabar un video de música secular, y ese barrio en particular tenía justo la tonalidad "ghetto" que necesitábamos para el video de rap.

No nací "rica", pero sí "cómoda", en un residencial de clase media alta. Mis padres me llevaban a la escuela en vehículos privados, siempre había comida en la nevera y, claro, los fines de semana nos dábamos algunos gustos con comida rápida, gastando un poco más de lo habitual. Nunca estuve expuesta a las carencias que muchas personas viven en mi linda isla del Caribe.

Por eso, cuando llegué a Capotillo, me impactó profundamente que el primero en detener el vehículo fuera un niño de unos ocho años, que, con la mirada expectante de quien sabe que no tiene otra opción, nos pidió bajar el cristal mientras sostenía una bolsa transparente con lo que parecía ser "hojas" dentro.

—Mi patrón, cómpreme algo —dijo con voz temblorosa, pero llena de desespero.

No podía creerlo. Estaba completamente anonadada. Era solo un niño.

—No, niño, venimos a trabajar —respondió el conductor de manera casi mecánica.

Eso fue solo el inicio. Cuando llegamos, lo primero que nos explicó nuestro guía fue que, si comenzaba un tiroteo y no queríamos morir, debíamos pegarnos a una pared y quedarnos quietos, porque si corríamos, las posibilidades de ser alcanzados por una bala aumentarían exponencialmente.

Bajarnos del vehículo fue como entrar a otro mundo. La mercancía ilegal estaba por todas partes, como si fuera cualquier otra mercancía en un mercado callejero. El aire estaba impregnado con olores penetrantes que nunca había imaginado que existirían en mi propia ciudad. Pensaba que eso solo podía verse en las películas, pero no, era la cruda realidad. Los niños jugaban al lado de los comerciantes como si todo fuera lo más normal del mundo.

Todo pasó en cámara lenta para mí. Aun escribiendo esto, puedo recordarlo como si el día de la filmación fuera hoy. La realidad me golpeó el corazón como una bola de demolición. ¡Imposible! ¿Cómo podía ser que eso estuviera sucediendo tan cerca de mi casa, a solo 35 minutos de distancia?

Mis amigos, por su parte, parecían totalmente indiferentes. No sabía si ya habían estado tantas veces en estos lugares que nada les sorprendía o si simplemente estaba viendo algo que ellos no veían. Al fin y al cabo, vemos las cosas como somos, no como son, como bien dijo Krishnamurti. Ellos quizá veían a personas viviendo la triste realidad que les tocó, mientras que yo veía a un montón de seres humanos llenos de propósito, pero sin dirección. Personas que necesitaban ser rescatadas de un mundo caído. Personas que necesitaban encontrar una puerta de salida, y yo sabía exactamente dónde estaba esa puerta.

Cuando regresé a mi casa, no pude dormir. "Debo volver", pensaba una y otra vez. No había ido allí solo a grabar un video; había ido a ese lugar con un propósito mucho más grande: alcanzar a esas personas. Pasé semanas buscando la manera de regresar, sabiendo que era una zona donde no debía entrar sola. Pero mi alma estaba inquieta. ¿Cómo podría interferir en esa realidad tan brutal que acababa de ver? No podía tener paz pensando que ese sufrimiento seguía ocurriendo y yo no hacía nada por detenerlo.

LÍDER O ESPECTADOR

La diferencia entre un espectador y un líder es la capacidad de notar lo que otros ignoran.

Todos vemos el mismo mundo, pero no todos lo miramos con los mismos ojos. Mientras algunos pasan de largo ante la necesidad, otros la perciben con claridad, como si llevaran un peso invisible que no pueden ignorar. Esa es la chispa del liderazgo:

la capacidad de ver lo que nadie más ve y sentir la urgencia de hacer algo al respecto. Pero notar la necesidad es solo el primer paso. Lo que realmente separa a un líder de un espectador es la acción. Un espectador puede sentir lástima o tristeza, pero un líder siente la responsabilidad de moverse y marcar la diferencia.

El liderazgo auténtico no comienza con una posición, un título o una plataforma. Comienza con el peso de una carga. No cualquier carga, sino la carga de las personas. Un verdadero líder no se motiva por el deseo de estar al mando, sino por la profunda empatía hacia quienes lidera. La capacidad de ver la necesidad es una responsabilidad inmediata. Un líder no espera a que alguien más haga algo, sino que toma la iniciativa.

Vivimos en una generación que enfrenta crisis profundas de propósito y fe. Muchos están atrapados en la ansiedad, la depresión y el vacío existencial, buscando respuestas en redes sociales, filosofías pasajeras y estilos de vida que prometen plenitud, pero no la entregan. Como líder, no puedes ser indiferente a estas realidades. Liderar significa involucrarse. Significa permitir que las cargas de otros pesen en tu corazón hasta que hagas algo al respecto.

> **"LA DIFERENCIA ENTRE UN ESPECTADOR Y UN LÍDER ES LA CAPACIDAD DE NOTAR LO QUE OTROS IGNORAN."**

Piensa en un incendio en un edificio lleno de gente. Algunos correrán en busca de salida, otros se quedarán paralizados por el miedo, pero unos pocos buscarán ayudar a quienes no pueden salir por sí mismos. Esos pocos son los que marcan la diferencia. No porque tengan una obligación formal, sino porque algo dentro de ellos les dice que no pueden quedarse de brazos cruzados. El liderazgo es eso: una voz interna que no te deja ignorar lo que has visto.

Como dijo John Rennie: "El liderazgo es correr hacia el fuego".

JESÚS: EL LÍDER QUE VIO LA NECESIDAD Y ACTUÓ

Jesús es nuestro máximo ejemplo. En Mateo 9:36 se nos dice: "Al ver las multitudes, tuvo compasión de ellas, porque estaban desamparadas y dispersas como ovejas que no tienen pastor". Su liderazgo nació de la compasión. No se limitó a enseñar desde la distancia; caminó entre la gente, escuchó sus clamores y tocó sus heridas.

Piensa en la historia de Bartimeo, el ciego que gritó el nombre de Jesús en medio de la multitud (Marcos 10:46-52). Muchos lo ignoraron, otros lo mandaron a callar. Pero Jesús lo notó. Se detuvo. Lo llamó. Le devolvió la vista. ¿Ves la diferencia? La multitud vio a un mendigo molesto. Jesús vio a un hombre con una necesidad.

Ser líder es aprender a detenerse. Es no seguir el flujo de la multitud que pasa de largo. Es ver con los ojos de Jesús y preguntarse: "¿Qué puedo hacer?".

Si quieres ser un líder relevante, tienes que abrir los ojos a lo que está pasando a tu alrededor. No puedes liderar desde la indiferencia. Nuestra generación tiene hambre de verdad, dirección y algo real que transforme sus vidas. Si Dios te ha permitido ver la necesidad, es porque tienes un papel en esto. No basta con un liderazgo de capacidad; la sociedad de hoy necesita pasión, personas con una preocupación genuina que sea el motor de sus acciones. Esa es la diferencia entre un líder común y un líder extraordinario.

LAS NECESIDADES DE NUESTRA GENERACIÓN

Mira a tu alrededor. ¿Te has dado cuenta de las necesidades que imperan en nuestra generación? Hagamos un recorrido:

> Muchos están perdidos en su identidad. No saben quiénes son en realidad.
>
> La fe se ha vuelto fragmentada. Es normal mezclar creencias, tomar lo que suena bien y desechar lo incómodo. Pero la verdad no cambia con las modas.
>
> Estamos hiperconectados, pero nunca hemos estado tan solos. La ansiedad, la depresión y la sensación de vacío son parte del día a día.

"LIDERAR SIGNIFICA INVOLUCRARSE."

Y quizás lo más fuerte: la desilusión con el liderazgo. Demasiados líderes han caído, y por eso muchos han dejado de confiar.

Los grandes líderes no solo ven problemas, ven llamados a actuar. Se preparan para responder. No esperan instrucciones.

Esa es la diferencia entre un espectador y un líder. El espectador se da cuenta, pero sigue de largo. El líder se detiene, porque entiende que, si Dios le permitió verlo, es porque tiene algo que hacer al respecto.

Dios no busca espectadores, busca líderes dispuestos a hacer algo con lo que ven. Jesús nunca fue un líder pasivo. No se quedó viendo a las multitudes con compasión desde lejos. Se acercó, sanó, enseñó, amó. Y ahora, nos toca seguir su ejemplo.

"EL LIDERAZGO ES ESO: UNA VOZ INTERNA QUE NO TE DEJA IGNORAR LO QUE HAS VISTO."

Así que la pregunta no es si hay una necesidad, porque ya la viste. La pregunta es: ¿qué vas a hacer al respecto?

SI ES DE INTERÉS DE DIOS, SIEMPRE ES ASUNTO TUYO

Ahora, déjame contarte el final de esta historia sobre Capotillo. Después de semanas buscando a alguien que pudiera conectarme con la gente de allí, finalmente unos amigos me dijeron:

—¿Recuerdas a Lara y Julissa? Ellos están llevando una célula allí.

En ese instante, lo supe. Tenía que unirme. Sin pensarlo dos veces, les escribí. Durante meses, sin faltar una sola vez, me presenté todos los martes, en medio de redadas, tiroteos, negocios que se desmoronaban y una atmósfera pesada de desesperanza. Pero en medio de todo eso, algo hermoso sucedió: conseguimos crear un refugio, un punto de predicación donde algunos, al menos, podían escuchar la verdad. El evangelio resonaba en las casas, en los corazones. Y aunque la pareja que nos guiaba se fue a Estados Unidos, yo seguí allí, orando, conectando con la gente, viendo cómo Dios obraba en medio del caos.

En casa, la historia era otra. Mi mamá siempre me decía:

—Capotillo no es asunto tuyo.

Lo entiendo. Como madre, temía por mí. Pero dentro de mí había algo más fuerte. Una pasión que no podía detenerse. No importaba si era joven, no importaba el peligro. Sabía que el amor de Dios era más grande que cualquier miedo, y eso me impulsaba cada vez más.

"LOS GRANDES LÍDERES NO SOLO VEN PROBLEMAS, VEN LLAMADOS A ACTUAR."

Fue entonces cuando despertó un fuego en mí. Capotillo no era el único lugar donde los jóvenes vagaban sin rumbo. No, no era exclusivo de ese barrio. En cada sector de bajos recursos, donde las distracciones apagaban la visión de Jesús, algo ardía en mi interior. Tenía que hacer algo. Sabía que podía usar la música urbana para hablar su mismo idioma. Y sabía que el Espíritu Santo estaba conmigo.

Entonces, reuní a algunos amigos, aquellos que compartían este llamado, y les conté lo que Dios había puesto en mi corazón. Así nació "Sobre la Roca", un grupo evangelístico que, durante años, se lanzó cada fin de semana a los barrios más peligrosos de Santo Domingo. Un autobús lleno de jóvenes, música, arte y el poder de Dios. Nos parábamos en las esquinas y anunciábamos la verdad. Y el fruto… ¡el fruto fue impresionante! Personas se entregaban a Cristo, cientos en una sola parada. Iglesias nacían, ministros se levantaban, hijos pródigos regresaban a casa.

"DIOS NO BUSCA ESPECTADORES, BUSCA LÍDERES DISPUESTOS A HACER ALGO CON LO QUE VEN."

Todo porque Dios me permitió ver. Me incomodó. Y no había vuelta atrás.

Así que, cuando el Señor te llame, cuando te incomode hasta quitarte el sueño, cuando el Espíritu Santo no te deje descansar, recuerda: esa necesidad que Dios ha puesto en ti no es solo suya. Es tuya también.

El mundo necesita que respondas. Y ese llamado… es para ti.

LA TECNOLOGÍA, QUE PROMETÍA ACERCARNOS, HA CREADO UNA GENERACIÓN HIPERCONECTADA, PERO PROFUNDAMENTE SOLA.

CAPÍTULO 2

DISPUESTOS A CRECER

UN LÍDER PREPARADO

Estoy a punto de hacer una confesión vergonzosa, ¿estás listo? No me gusta estudiar... o al menos no a lo que convencionalmente le llamamos "estudiar". No me culpes, soy milenial, desconfío de los sistemas y he crecido en un mundo de resultados rápidos. El trabajo, para mí, no es un fin en sí mismo, y la mayoría de mis amigos con mejor calidad de vida están haciendo videos para redes sociales, no quemándose las pestañas en una biblioteca. Lo siento, tengo que admitirlo, porque he crecido en una generación a la que lo muy estructurado le frustra, le cierra... ¡le aburre!

Yo, si hubiera podido, habría elegido esa vida hippie de vivir con lo que pueda, tomar aventones hacia los lugares que quiero, sin presiones. Pero por suerte... o tal vez no tanto... tengo una madre Generación X, ¡y qué madre! Cuando imprime su currículum vitae, gasta toda la tinta de la impresora. Parecería que está imprimiendo una enciclopedia... ¡pero no! Es su hoja de vida. Con tantos doctorados que ha hecho en España y

Alemania, no sé si es más académica o si está coleccionando diplomas como si fueran figuras de acción.

En el siglo pasado, ser exitoso se medía por cuántos grados tenías colgados en la pared, no por cuántos likes consigues en tu última foto. Si me preguntas a mí, ambas cosas son ridículas.

A veces, me la paso explicándole que el mundo ya no funciona como en sus tiempos.

—Mami, el futuro está en los creadores de contenido, no en los ejecutivos de oficina.

Y ella, tan seria como siempre, me responde con cara de "te lo dije", como si lo único que le faltara fuera abrirme el libro de "Cómo salvar el futuro de tu hija" para mostrarme que, efectivamente, su camino es el que "realmente importa".

Así que aquí estamos, en nuestro choque generacional. Yo, navegando por la vida sin un mapa, y ella, con una brújula perfectamente calibrada.

Pero en medio de esta batalla generacional, debo admitir algo importante: prepararse es clave. No todo en la vida es improvisación ni seguir la corriente sin dirección. Los extremos, como siempre, son malos. No valemos solo por el título que tenemos o por lo que hemos logrado en un papel. Pero tampoco podemos quedarnos estáticos, pensando que todo se resuelve solo con creatividad y buenos deseos. Crecer, mejorar y aprender de manera constante habla mucho de quiénes somos. Es un reflejo de nuestra dedicación, de nuestra disposición a evolucionar. Y aunque las maneras de llegar al éxito puedan variar, todos necesitamos construir una base sólida. Esa base, muchas veces, viene del esfuerzo, la preparación y del hacer las cosas con intención.

Esta es otra de las trampas generacionales que ha estancado nuestro liderazgo actual.

Vivimos en una era donde la inmediatez domina. En un mundo donde un video viral puede convertir a alguien en una celebridad de la noche a la mañana, la idea de prepararse antes de liderar parece obsoleta. Pero la realidad es que el liderazgo sin preparación es una receta para el fracaso.

"CRECER, MEJORAR Y APRENDER DE MANERA CONSTANTE HABLA MUCHO DE QUIÉNES SOMOS."

LA FALSA IDEA DEL "TALENTO NATO"

Muchos creen que el liderazgo es una cualidad con la que se nace. Sin embargo, los grandes líderes no aparecen de la nada; se forman con el tiempo. John Maxwell habla de la "Ley del Proceso", que dice que el liderazgo se desarrolla diariamente, no en un solo día. Un gran líder no es solo aquel que tiene carisma o presencia, sino aquel que ha invertido en su crecimiento personal, en su carácter y en su relación con Dios.

Jesús mismo no inició su ministerio público hasta que pasó 30 años creciendo en gracia y sabiduría. Aún siendo el Hijo de Dios, se preparó para la tarea que tenía por delante. ¿Cuánto más nosotros?

"EL LIDERAZGO SIN PREPARACIÓN ES UNA RECETA PARA EL FRACASO."

Lucas 14:28 dice: "Porque ¿quién de vosotros, queriendo edificar una torre, no se sienta primero y calcula los gastos, a ver si tiene lo que necesita para acabarla?" Este pasaje nos recuerda que la preparación es esencial. Intentar liderar sin preparación es como construir una torre sin asegurarse de tener los materiales y bases necesarias.

La gente sigue a quienes respetan, y el respeto no se gana con palabras bonitas, sino con la demostración de compromiso y conocimiento. Un cirujano no entra a operar sin haber pasado años estudiando; un piloto no vuela un avión sin entrenamiento. Entonces, ¿por qué creer que podemos liderar sin preparación?

2 Timoteo 2:15 dice: "Procura con diligencia presentarte a Dios aprobado, como obrero que no tiene de qué avergonzarse, que usa bien la palabra de verdad". Un líder cristiano debe prepararse en conocimiento, en carácter y en la Palabra de Dios.

LA HISTORIA DE LA VIUDA Y EL ACEITE: TU CAPACIDAD DEFINE CUÁNTO RECIBIRÁS

El sol abrasador caía sobre la pequeña aldea. La viuda, con el rostro marcado por la preocupación, miró a sus dos hijos. No tenían nada. La deuda que su esposo había dejado se cernía sobre ellos como una sombra oscura y los acreedores amenazaban con llevarse a sus hijos como esclavos. En su desesperación, corrió hacia Eliseo, el profeta de Dios.

—Ayúdame —suplicó ella, con la voz quebrada—. Mi esposo temía al Señor, pero ha muerto, y ahora los acreedores vienen por mis hijos.

Eliseo la miró con compasión, pero también con la firmeza de quien sabe que Dios provee.

—Dime, ¿qué tienes en casa? —preguntó.

La viuda bajó la mirada, avergonzada de lo poco que poseía.

—Solo un poco de aceite —respondió.

El profeta sonrió. Ese "poco" en manos de Dios sería más que suficiente.

—Ve y pide prestadas todas las vasijas que puedas conseguir —le instruyó—. No pidas pocas. Luego entra en tu casa con tus hijos, cierra la puerta y comienza a llenar cada una con el aceite que tienes.

La mujer corrió de casa en casa, pidiendo vasijas a sus vecinos. Quizás algunos la miraron con extrañeza, otros con curiosidad, pero ella no se detuvo hasta reunir todas las que pudo. Luego, se encerró con sus hijos, tomó su pequeño frasco de aceite y, con un nudo en la garganta, vertió la primera gota en una de las vasijas prestadas. Para su asombro, el aceite no se detenía. Fluía y fluía, llenando cada recipiente. Una vasija, otra más, y otra...

El corazón de la viuda latía con fuerza mientras sus hijos le pasaban más vasijas. Pero entonces, uno de ellos dijo:

—Mamá, ya no hay más.

En ese instante, el aceite dejó de fluir. Había cesado no porque Dios se hubiera quedado sin provisión, sino porque no había más espacio donde recibirla.

Una de las mejores ilustraciones de la preparación se encuentra en 2 Reyes 4:1-7, la historia de la viuda y el aceite. Cuando la viuda acudió al profeta Eliseo en busca de ayuda, él le pidió que reuniera tantas vasijas como pudiera. El milagro ocurrió cuando el aceite comenzó a fluir, pero dejó de multiplicarse cuando todas las vasijas disponibles se llenaron. ¿Qué nos enseña esto? Que el nivel de provisión de Dios está directamente relacionado con nuestra capacidad de recibir.

Aplicado al liderazgo, esto significa que el aceite de la unción y la sabiduría de Dios se derraman en la medida en que estemos preparados para sostenerlo. Si solo nos preparamos a medias, solo recibiremos una parte de lo que Dios quiere darnos. Pero si nos dedicamos a crecer, a aprender y a expandir nuestra capacidad, Dios nos llenará con más. ¿Cuántas vasijas estás dispuesto a juntar? ¿Estás haciendo espacio en tu vida para que Dios te llene con Su sabiduría y liderazgo?

Tal vez te sientes pequeño, sin suficientes recursos o sin la capacidad para lo que Dios te ha llamado a hacer. Pero Dios no te pide que tengas todo resuelto, solo que uses lo que ya tienes. ¿Tienes talento para comunicar? Desarróllalo. ¿Tienes un corazón para servir? Busca oportunidades. ¿Tienes pasión por aprender? Lee, estudia y crece.

"INTENTAR LIDERAR SIN PREPARACIÓN ES COMO CONSTRUIR UNA TORRE SIN ASEGURARSE DE TENER LOS MATERIALES Y BASES NECESARIAS."

Así como el aceite se multiplicó en la medida en que la viuda tenía vasijas disponibles, Dios multiplicará lo que tienes en la medida en que te prepares para recibir más. No subestimes la temporada en la que te encuentras ahora. Cada pequeño esfuerzo, cada libro leído, cada experiencia acumulada, está ensanchando tu capacidad para lo que Dios quiere hacer en tu vida.

LA TRAMPA DE LA GRATIFICACIÓN INSTANTÁNEA

Vivimos en la era de los microondas, de las apps que traen comida en minutos y de los filtros que borran las ojeras en un clic.

Todo está diseñado para que no tengamos que esperar. Pero esa velocidad nos roba la paciencia y la constancia.

Queremos progreso sin proceso. Influencia sin integridad. Resultados sin repetir. Y seamos honestos: todos lo sentimos. Es más fácil comenzar algo con emoción que mantenerlo con disciplina. Ahí está el peligro: la gratificación instantánea se disfraza de comodidad.

Un estudio de Harvard reveló que solo el 8 % de las personas cumple sus propósitos de Año Nuevo. No es falta de deseo; es falta de persistencia. Queremos cambios permanentes con compromiso temporal. Y así no se construye nada que valga la pena.

Microsoft encontró que el 77 % de los jóvenes de 18 a 24 años revisa el teléfono en cuanto no tiene nada que hacer. Gen Z, en promedio, pasa 6.6 horas diarias frente a redes, y el 66 % admite que consume "demasiado". Este bombardeo de estímulos.

¿Has notado cómo tu teléfono brilla como si fuera un pequeño altar? Un mensaje, un "like", un corazón rojo en la pantalla. En segundos, una descarga de dopamina te recorre como un rayo. Es un aplauso digital que dura menos que un suspiro. Bienvenida a la *gratificación instantánea*, el nuevo dios disfrazado de notificación.

Nuestra generación vive en el modo "enviar y recibir" de las historias de Instagram: quieres que el resultado llegue antes de que termine de cargar la barra azul. Queremos músculos sin entrenamiento, influencia sin proceso, propósito sin dolor. Es como querer pan recién salido del horno... sin horno. Y cuando el horno de Dios parece lento, buscamos el microondas de lo inmediato.

El problema no es el deseo de ver fruto, sino el *atajo que mata el proceso.* La gratificación instantánea te convence de que puedes saltarte las temporadas. Pero el carácter no se construye en segundos; se fragua en el tiempo. Como dice Santiago 1:4: "Permitan que la paciencia complete su obra, para que sean perfectos y cabales, sin que les falte nada" (TLA).

Cuando corres tras lo rápido, pierdes la obra lenta de Dios. Y lo lento de Dios es exactamente lo que forma en ti lo que el aplauso rápido nunca podrá dar: *raíz.* Lo que llega en un clic se va en un soplo; lo que Dios cocina a fuego lento permanece aun cuando se apagan las luces.

Así que, la próxima vez que la pantalla parpadee pidiendo tu atención, recuerda: no todo lo que brilla en segundos vale una vida. El Reino de Dios nunca ha tenido botón de "skip intro".

Queremos los beneficios sin pagar el precio. Queremos el liderazgo sin proceso. Pero el crecimiento lleva tiempo. Un árbol fuerte no crece de la noche a la mañana; necesita raíces profundas.

"PERO EL CARÁCTER NO SE CONSTRUYE EN SEGUNDOS; SE FRAGUA EN EL TIEMPO."

El nivel de sacrificio que estás dispuesto a hacer para prepararte habla del nivel de llamado que estás listo para cargar. Si solo estás dispuesto a hacer el mínimo esfuerzo, solo estarás preparado para liderar a un nivel superficial. Pero si decides invertir tiempo, disciplina y dedicación en tu crecimiento, estarás capacitado para recibir un llamado más grande.

Dios no tiene prisa en formar líderes, pero tampoco se equivoca en el tiempo de preparación. Moisés pasó 40 años en el desierto antes de liderar a Israel. José fue probado con años de esclavitud y prisión antes de gobernar Egipto. David fue ungido, pero tuvo que esperar años antes de sentarse en el trono. No menosprecies tu proceso de crecimiento. Jesús pasó tiempo en ayuno y oración antes de comenzar su ministerio. La preparación no es opcional, es el precio que se paga por un liderazgo duradero. No menosprecies tu proceso de crecimiento.

"LA PREPARACIÓN NO ES OPCIONAL, ES EL PRECIO QUE SE PAGA POR UN LIDERAZGO DURADERO."

Si quieres ser un líder que impacte, comprométete a prepararte. ¿Estás dispuesto a pagar el precio de la preparación para convertirte en el líder que Dios quiere que seas?

Prepararte no es una moda de fin de año; es un estilo de vida que no se mide en likes ni en aplausos. Tal vez nadie te aplauda por levantarte a estudiar cuando otros duermen, o por sembrar en silencio cuando nadie ve. Pero ese es exactamente el tipo de preparación que Dios honra.

Santiago 1:4 lo dice sin adornos: *"Pero dejen que la paciencia complete su obra, para que sean perfectos y cabales, sin que les falte nada."* La paciencia no es pasividad; es músculo espiritual. Es la convicción de que el proceso lento de Dios nunca llega tarde.

El mundo te grita: "¡Ahora!"; el Reino te susurra: "A su tiempo." Y ahí está el reto de nuestra generación: aprender a esperar cuando todo a nuestro alrededor vive corriendo.

Así que respira. No corras para ganarle a Dios. Abre las manos y permite que la paciencia haga su trabajo. Porque lo que Él cocina a fuego lento no se quema, y cuando termine, no te faltará nada.

LIDERAR EL AHORA,
TOMA SU TIEMPO.

CAPÍTULO 3

SER PREDECIBLE ES UNA VIRTUD

UN LÍDER CONSISTENTE

—Son las seis de la mañana, Lizzy. Vamos, arriba.

—No quiero ir.

—No importa si quieres o no. Vamos.

La alarma suena otra vez. No con enojo, pero sí con insistencia. Como ese amigo que no te deja quedarte donde estás porque sabe que puedes más.

Me acosté tarde. Nada heroico: solo demasiadas ideas en la cabeza y pocas ganas de soltar el celular. Y ahora mi cuerpo lo delata: párpados pesados, brazos lentos, voluntad en modo avión.

Sé lo que me espera en la clase de boxeo: calentamiento de piernas. No es mi parte favorita. Liliana, mi entrenadora, tiene el don de detectar cuando uno llega flojo… y el hábito de exigir justo el doble en esos días.

Pienso en inventar una excusa. Algo leve, nada grave; lo suficiente para evitar el esfuerzo.

—Podrías decir que estás mal del estómago —susurra una parte de mí.

—Claro que podrías —responde la otra—. Pero no lo harás. Porque esto no se trata de sentirte bien, sino de seguir. De ser constante.

Y ahí está el punto.

La vida no se construye con grandes momentos de motivación, sino con pequeños actos de decisión.

El liderazgo, el carácter y la disciplina no nacen cuando todo es fácil, sino cuando decides avanzar aun sin ganas. Si solo haces lo que sientes, te quedarás atrapado en lo cómodo.

Y lo cómodo rara vez te lleva lejos.

Cada uno de nosotros debería hacerse la pregunta responsable: ¿Soy dueño de mi mismo? Porque si la respuesta es "no", no deberías liderar a nadie.

"LA VIDA NO SE CONSTRUYE CON GRANDES MOMENTOS DE MOTIVACIÓN, SINO CON PEQUEÑOS ACTOS DE DECISIÓN."

El liderazgo no es un subidón de emoción de lunes. No es ese instante épico en que juras: "Esta vez sí voy a cambiar". Eso es solo un arranque, y todos arrancan bien.

El liderazgo real se forja cuando nadie te aplaude. Cuando no hay luces, ni micrófono, ni público diciendo "¡qué increíble eres!". Es el arte de levantarte, presentarte y cumplir... incluso cuando lo único que quieres es quedarte bajo las cobijas.

Es como clavar un clavo: no basta un solo golpe fuerte. Hay que insistir una y otra vez hasta que quede firme. ¿Quieres ser confiable? Haz lo que dijiste que harías, incluso cuando ya no tengas ganas de hacerlo.

No es lo que haces de vez en cuando lo que cambia tu vida. Es lo que repites cuando estás cansado, abrumado o desmotivado. Eso te hace creíble. Eso te hace líder.

Pero, como decíamos en el capítulo anterior, aquí es donde muchos tropiezan: vivimos en la era del "todo rápido". Comida rápida, respuestas en un clic, resultados inmediatos. Si no lo vemos en 24 horas, lo abandonamos. Hemos confundido lo inmediato con lo importante.

Y el carácter, la influencia, el respeto... no vienen con atajos.

"HAZ LO QUE DIJISTE QUE HARÍAS, INCLUSO CUANDO YA NO TENGAS GANAS DE HACERLO."

Nadie quiere seguir a alguien que hoy arde y mañana desaparece. Nadie se sube al barco de un líder que se tambalea con cada ola. La gente busca líderes estables: no perfectos, pero firmes. Personas que se gobiernan a sí mismas y no dejan que las emociones tomen el volante.

La disciplina no es un castigo, es una bendición. Es el entrenamiento silencioso que te prepara para los momentos grandes. Es el músculo que no se ve, pero sostiene todo lo que sí se ve.

Proverbios 25:28 lo dice así: *"Como ciudad sin defensa y sin murallas es quien no sabe dominarse."* Sin dominio propio estás expuesto: cualquier distracción, excusa o tentación puede derrumbarte.

"NO ES LO QUE HACES DE VEZ EN CUANDO LO QUE CAMBIA TU VIDA."

Así que, si decides hacer algo, hazlo. No seas de los que prometen fuerte y cumplen flojo. Sé de los que cumplen su palabra… aun cuando cuesta.

LA EXCELENCIA NO ES UN ACTO, ES UN HÁBITO

Aristóteles lo resumió bien: *"Somos lo que hacemos repetidamente. La excelencia, entonces, no es un acto, sino un hábito."*

Lee esa frase de nuevo, despacio.
No dice "somos lo que soñamos".
No dice "somos lo que publicamos".
Dice: *somos lo que hacemos.*

Vivimos en una época que confunde los momentos de brillo con la verdadera grandeza. Una publicación viral, un día de inspiración, un logro aislado… y ya parece que alguien "la hizo". Pero la excelencia no se prueba en los días de aplausos; se revela en las horas que nadie ve.

Tu vida no está hecha de los grandes titulares que otros aplauden, sino de los pequeños renglones que escribes cuando nadie aplaude. Lo que repites en silencio termina gritando tu identidad.

Piensa en un músico que deslumbra en un escenario. Lo que escuchas en tres minutos de canción es la cosecha de años de escalas, repeticiones, dedos adoloridos y ensayos que nadie grabó. El aplauso es el eco de la práctica. La excelencia no nació en el concierto; nació en la rutina.

Lo mismo pasa con tu carácter. El dominio propio es una capacidad que adquirimos al venir a Cristo, pero se entrena a fuego lento. La fe no se fortalece en la foto de un retiro espiritual, sino en la oración constante de un martes cualquiera. El liderazgo no surge en el día de la gran oportunidad, sino en la constancia de servir cuando no hay reflectores.

Jesús lo explicó de otra forma: *"El que es fiel en lo poco, también en lo mucho es fiel"* (Lucas 16:10 TLA). La fidelidad en lo pequeño abre la puerta a lo grande. Dios no busca actos heroicos de fin de semana; busca corazones que respondan cada día.

Por eso, la excelencia no se alcanza con un solo arranque de motivación. Se cultiva en hábitos que parecen ordinarios: levantarte a tiempo, hablar con verdad, estudiar la Palabra, terminar lo que empiezas, tratar a la gente con honor. Esos hábitos, repetidos hasta volverse parte de ti, te convierten en alguien confiable.

Quizá nadie te felicite por apagar el celular para orar, por guardar tu integridad en una conversación incómoda, o por trabajar con excelencia cuando nadie está mirando. Pero esos momentos invisibles son los ladrillos que sostendrán el peso de tu llamado.

La pregunta no es qué sueñas hacer, sino qué eliges hacer todos los días.

Porque el destino no se escribe en un solo acto brillante, sino en la disciplina de mil decisiones diarias.

Así que decide bien qué repites. Porque lo que repites te define.

Y cuando el hábito se vuelve identidad, la excelencia deja de ser un acto y se convierte en tu forma de vivir.

¿GOLPEAR EL CUERPO?

Confieso que desde que leí a Watchman Nee, esta idea me persigue como una disciplina diaria. Aunque a lo primero causó una fuerte incomodidad el concepto en mí.

A veces, después de un concierto, la jornada ha sido un maratón: entrevistas, pruebas de sonido, una fila interminable de fotos, más de hora y media cantando sin parar. Y cuando por fin llegamos al backstage, ocurre algo curioso: soy la persona más energética del lugar.

Estoy lista para lo que haga falta: sonreír con alegría para las últimas fotos, cargar junto al equipo que ayuda en la logística, animar a los que ya apenas se sostienen. Siempre hay alguien que se ríe y me pregunta.

—Pastora, ¿no se cansa?

La verdad es que sí. Estoy cansada, hambrienta, adolorida y con sueño. Mi cuerpo grita por una ducha y una cama. Pero mi posición de servicio no ha terminado. Hasta el final decido mantener la excelencia y el buen ánimo, no porque lo "sienta", sino porque todavía estoy ministrando, aun detrás del telón.

Eso es *golpear el cuerpo*: no un castigo, no es negarme al descanso cosa de la que hablaremos en capítulos más adelante, es entender que mas allá de mi estado físico momentáneo, el lugar donde me encuentro necesita que siga recordando quién manda.

Mis emociones, mi hambre, mi sueño… todos se alinean bajo un mismo señorío: Cristo.

Porque, cuando eliges servir más allá de lo que sientes, tu cuerpo deja de ser el amo y se convierte en instrumento. Y ahí, en ese backstage silencioso, mientras guardo la última caja o sonrío para la última foto, descubro que la verdadera fortaleza no está en lo que mi cuerpo aguanta, sino en quién lo gobierna.

Estoy a punto de escribir una de las verdades más trascendentes de este capítulo.

¿Listo para escucharla? *La estabilidad te hace creíble.*

En la iglesia que dirijo, tenemos una regla que ya se volvió cultura: si decimos que haremos algo, lo hacemos. Punto.

A menos que surja una causa de fuerza *muy* mayor, nunca dejamos un compromiso a medias. Queremos que cada persona sepa que puede confiar en nuestros programas, fechas y actividades sin miedo a que se cancelen o queden a medio camino.

"LO QUE REPITES EN SILENCIO TERMINA GRITANDO TU IDENTIDAD."

Esto va desde los eventos más grandes hasta los detalles que parecen pequeños: si anunciamos una hora de inicio, esa es la hora en que comenzamos. Si prometemos un encuentro, ese encuentro sucede. Nuestro "sí" es sí y nuestro "no" es no. Nada de medias tintas.

Esa constancia se ha vuelto un testimonio silencioso. La gente que nos visita o nos acompaña sabe que puede comprometerse sin temor a quedar mal. Porque cuando cumples, no solo demuestras organización; demuestras respeto por el tiempo de otros, por tu palabra... y por el Dios que te la dio.

Jesús lo dijo sin rodeos:

> *"Cuando ustedes digan 'sí', que sea realmente sí; y cuando digan 'no', que sea realmente no"*
>
> MATEO 5:37, TLA

La estabilidad no es aburrida; es confiabilidad puesta en acción. Es lo que hace que la gente no solo escuche tus palabras, sino que se atreva a construir sobre ellas. Porque un líder que mantiene su palabra se convierte en un faro: su vida ya habla antes que su voz.

Las personas siguen a líderes predecibles en el buen sentido. No a alguien que hoy está en llamas y mañana desaparece; no a quien habla de compromiso y luego se rinde. La gente sigue a quienes son estables, emocional y espiritualmente.

Si quieres que otros te escuchen, empieza por ser ejemplo de constancia. Un líder inestable puede gritar órdenes, pero nadie lo respetará. Un líder sólido inspira sin necesidad de imponer.

"PORQUE EL DESTINO NO SE ESCRIBE EN UN SOLO ACTO BRILLANTE, SINO EN LA DISCIPLINA DE MIL DECISIONES DIARIAS."

Serás tan tomado en serio como tú te tomes a ti mismo. Si vives con una mentalidad de inconstancia, sin dirección y sin compromiso, no esperes que otros confíen en ti. La estabilidad no es solo algo que afecta cómo te ven los demás, sino que también define cómo te ves a ti mismo.

CÓMO DESARROLLAR EL DOMINIO PROPIO

El dominio propio no es un don genético: se entrena. Y como todo entrenamiento, requiere intención y esfuerzo. Aquí algunos pasos prácticos:

1) **Haz lo difícil cuando no tengas ganas.** La motivación es temporal; la disciplina, un estilo de vida.

2) **Pon límites a tus emociones.** Sentir no es decidir. Pausa, piensa, ora y luego actúa.

3) **Pequeños compromisos diarios.** Si dijiste que lo harías, cúmplelo. Aunque parezca insignificante.

4) **Rodéate de personas disciplinadas.** La estabilidad se contagia, igual que la inconstancia.

5) **Ora y confía en Dios.** Gálatas 5:22-23 recuerda que el dominio propio es fruto del Espíritu. El fruto crece mejor en tierra rendida.

ESTA VEZ, HAZ LO CORRECTO

En cada libreta, en mi casa y en mi celular hay una frase que me persigue: "*Esta vez, haz lo correcto*".

No necesitas ganarle a la vida en un solo round. Solo debes ganar esta vez. La guerra se vence paso a paso: en la dieta, en la oración, en el trabajo, en la pureza, en la palabra empeñada. Cada decisión te construye o te derrumba.

DOS LÍDERES. DOS CAMINOS. DOS RESULTADOS

Saúl lo tenía todo: presencia, respaldo, oportunidad. Pero le faltó lo esencial: dominio propio. Fue impulsivo, emocional, errático. Su liderazgo terminó en caída libre.

David, en cambio, fue fiel cuando nadie miraba. Consistente en lo pequeño, confiable en lo invisible. Antes de reinar, cuidó ovejas. Antes de mandar, obedeció. Por eso Dios lo llamó *"hombre conforme a mi corazón"*.

La diferencia no fue el talento: fue la constancia. David no vino a jugar; vino a ser el rey que Dios lo llamó a ser. La gente lo supo por sus pequeñas decisiones. Tito 1:8 lo resume: los líderes deben ser "dueños de sí mismos". No perfectos: dueños. Responsables. Disciplinados.

Así que este es el reto de hoy: **sé constante. Sé estable. Sé disciplinado.**

No porque te sientas listo, sino porque sabes que Dios ya te llamó.

Esta vez, haz lo correcto.

"ESA ES LA VISIÓN QUE CRUZA LAS MURALLAS INVISIBLES: VER LO QUE OTROS NO VEN Y ACTUAR ANTES DE QUE TODOS DESPIERTEN."

CAPÍTULO 4

ROMPE TU ZONA SEGURA

UN LÍDER VISIONARIO

Cuando lo bueno es el mayor enemigo:
la valentía de crecer.

LA COMODIDAD TIENE UNA VOZ SEDUCTORA

Te susurra: "quédate aquí, ya hiciste suficiente". Te acomoda la almohada, te promete que mañana habrá tiempo para lo que hoy postergas. Si no estás atento, su murmullo se convierte en una canción de cuna: adormece tus sueños y te roba la urgencia de crecer.

El verdadero líder aprende a desconfiar de esa voz. Se vuelve enemigo de la zona segura. No porque descansar sea malo, sino porque sabe que el terreno cómodo, cuando gobierna, estanca. Los grandes hombres y mujeres de Dios entendieron que el espacio libre de riesgos nunca fue el lugar donde nacen los milagros ni donde se forma el carácter.

¿Quieres liderar? Prepárate para incomodarte.

El liderazgo no es un sofá: es un campo de entrenamiento. No se trata de coleccionar seguidores, sino de retarte a ti mismo una y otra vez, de exponer tus propias debilidades y trabajar en ellas con decisión. Si no te desafías, te estancas; y un líder estancado no solo deja de crecer: se convierte en un obstáculo para otros.

ENSANCHA TU TIENDA

> *«Ensancha el sitio de tu tienda, y las cortinas de tus habitaciones sean extendidas; no seas escasa; alarga tus cuerdas y refuerza tus estacas».*
>
> ISAÍAS 54:2

Dios no pronunció estas palabras para decorar una pared. Las dijo para sacudir a los que ya se sentían cómodos.

Un líder que decide que "ya es suficiente" deja de liderar, aunque conserve un título. La voz de Isaías rompe la ilusión de que podemos dormirnos en los logros: *ensancha, alarga, refuerza.* Es un mandato para quien quiere influir, no para quien vive de éxitos pasados.

El liderazgo no es un trofeo para exhibir; es un llamado a crecer sin descanso. El día que decides que ya no necesitas estirarte, ese día dejas de avanzar. El conformismo se disfraza de estabilidad. Un líder verdadero vive en permanente expansión: se desafía, se incomoda, se deja moldear por Dios.

"¿QUIERES LIDERAR? PREPÁRATE PARA INCOMODARTE."

La mediocridad no siempre huele a fracaso; a veces huele a éxito viejo.

HUDSON TAYLOR: EL HOMBRE QUE NO SE CANSABA

Cuando era niña, mi abuelo tenía un hábito que, sin saberlo, marcó mi destino.

Él me motivaba a leer historias de grandes hombres y mujeres de fe, convencido de que si quería crecer en el servicio a Dios debía conocer cómo otros habían caminado con Él con valentía y entrega.

Leí muchas biografías: misioneros que cruzaron océanos, predicadores que encendieron avivamientos, hombres que vivieron lo imposible. Pero mi favorita siempre fue la de Hudson Taylor.

Taylor no solo amó a China; se dejó consumir por el llamado de Dios para alcanzar a quienes nadie estaba alcanzando. Dejó la comodidad de su Inglaterra natal, con un futuro médico prometedor, para internarse en provincias que ni siquiera figuraban en los mapas misioneros de su tiempo. No fue una aventura romántica: fue una vida de sacrificio, enfermedad, soledad y peligro constante.

"EL LIDERAZGO NO ES UN SOFÁ: ES UN CAMPO DE ENTRENAMIENTO."

Lo impresionante es que ni siquiera después de décadas de servicio radical se conformó. Podría haberse retirado celebrando sus victorias: la

Misión al Interior de China florecía, cientos de obreros trabajaban en lugares donde antes no había ni un testimonio de Cristo. Pero su corazón seguía inquieto. En sus últimos años, ya con el cuerpo frágil, emprendió un último viaje por el Yangtsé. Mientras otros veían el ocaso de su ministerio, él seguía orando y planeando para que el evangelio llegara a las provincias donde aún no se había oído el nombre de Jesús.

Un día mi abuelo se me acercó con esa mirada de quien ya viene con una pregunta que quiere guardar en la memoria.

—De todas las historias de ministros que te he contado, ¿cuál es la que más disfrutas? —me dijo, como si supiera de antemano la respuesta.

Yo me quedé pensándolo. Él, con media sonrisa, ya apostaba su ficha.

—Seguro dirás D. L. Moody.

Pero mi mente estaba en blanco de nombres. Recordaba solo la escena, no el crédito. Así que solté:

"PORQUE A VECES NO RECUERDAS EL NOMBRE, PERO SÍ EL FUEGO."

—No sé cómo se llama… pero me encanta la historia de ese tipo que no se cansa.

Mi abuelo no titubeó ni un segundo.

—Ah, Hudson Taylor —dijo, como quien reconoce a un viejo amigo.

Y ahí me quedé, sonriendo. Porque a veces no recuerdas el nombre, pero sí el fuego.

Hudson Taylor me enseñó, gracias a la guía de mi abuelo, que un líder de fe nunca se jubila de su llamado. Aunque haya servido de manera radical, aunque su impacto parezca extremo, el verdadero siervo de Dios jamás se conforma. Sus últimos años de ministerio fueron el mejor sermón: hasta su último aliento seguía soñando con "uno más para Cristo".

LAS NUEVAS PROVINCIAS A CONQUISTAR

La generación en la que servimos no se parece a la de Hudson Taylor: vive distraída por una avalancha de estímulos. Pero el llamado a un liderazgo inconforme no ha cambiado.

Hoy el desafío no es solo cruzar océanos: es atravesar barreras invisibles. Donde antes el obstáculo era un viaje de meses en barco, ahora es la comodidad de un clic que nos hace creer que el ministerio puede vivirse sin sacrificio.

Hoy los mapas han cambiado. Las provincias que necesitamos alcanzar ya no están a semanas de viaje en barco: están a un clic de distancia, pero están igual de lejos.

"UN LÍDER DE FE NUNCA SE JUBILA DE SU LLAMADO."

¿Por qué? Porque la cultura actual ha levantado murallas invisibles que a veces resultan más difíciles de cruzar que un océano.

Estas murallas no se atraviesan con barcos ni caravanas, sino con liderazgo valiente y un evangelio vivido con coherencia. Hoy la incomodidad no es geográfica; es cultural. Y para un líder que rehúye el conformismo, ese es precisamente el territorio que Dios está llamando a conquistar.

Para conquistar las nuevas provincias no basta con entusiasmo; se necesita visión.

No hablo de mapas colgados en una pared, hablo de ojos entrenados para ver más allá de lo que está frente a nosotros. La visión es esa capacidad de mirar lo que no es tan obvio, de detectar oportunidades escondidas detrás de las noticias, de las tendencias y de las crisis.

Las murallas que hoy dividen no son de ladrillo: son culturales, emocionales y espirituales. Son ideologías que confunden identidad. Son generaciones que, aun hiperconectadas, viven aisladas. Son corazones saturados de información, pero hambrientos de sentido. Es la indiferencia que convierte el sufrimiento ajeno en entretenimiento. Son heridas de confianza que hacen que la gente escuche cada palabra de fe con sospecha.

Para atravesar esas barreras no basta un pasaporte; hace falta el tipo de visión que tenían los hijos de Isacar: *"entendidos en los tiempos y que sabían lo que Israel debía hacer"* (1 Crónicas 12:32). Su entendimiento no se limitaba al ahora; podían mirar más allá de lo temporal para tomar decisiones que marcarían los años por venir.

Eso mismo necesita este mundo: líderes que disfruten el presente, pero que al mismo tiempo lean las señales de lo que viene. No con ansiedad, sino con fe y esperanza. Hombres y mujeres capaces de invertir sus decisiones en el futuro eterno, de sembrar hoy lo que dará fruto cuando ellos ya no estén para cosechar.

Esa es la visión que cruza las murallas invisibles: ver lo que otros no ven y actuar antes de que todos despierten.

NO GERENCIES, LIDERA

Y aquí es donde la diferencia se hace evidente: la única forma de cruzar esas murallas es con visión. Y la visión es lo que separa a un gerente de un verdadero líder del Reino.

El gerente administra lo que tiene en la mesa; el visionario se atreve a soñar con lo que Dios todavía no ha puesto sobre el mapa. El primero mantiene el barco a flote; el segundo pregunta si el rumbo sigue siendo el que Dios marcó o si es hora de construir un barco nuevo.

El gerente mide logros en reportes y presupuestos; el visionario mide su éxito en vidas transformadas, en culturas que empiezan a parecerse al Reino. El gerente dice: "¿Cómo hacemos que esto funcione mejor?"; el visionario se atreve a preguntar: "¿Esto que cuidamos merece seguir igual, o Dios quiere algo completamente nuevo?".

Un líder del Reino no puede conformarse con gerenciar gente; está llamado a ver lo que nadie ve, a escuchar lo que el cielo susurra antes de que la tierra lo entienda. Esa visión es lo que lo separa del simple administrador: la capacidad de mirar más allá del Excel y de las estadísticas y atreverse a preparar el camino para lo que Dios quiere traer.

Porque un gerente preserva la historia. Un visionario, con ojos puestos en Cristo, escribe la próxima.

Ensancha tu tienda. Porque cuando lo bueno se convierte en tu techo, ese mismo día deja de ser bueno.

Hoy te toca a ti nombrar tu próxima provincia. No es un mapa en China; es esa conversación que temes, esa idea que te incomoda, ese ministerio que no has comenzado. Deja de administrar la rutina: atrévete a liderar con visión. El Reino no necesita guardianes de lo viejo, necesita pioneros que crean que Dios todavía escribe nuevas historias.

CAPÍTULO 5

ACTÚA MÁS ALTO QUE NO SE OYE

UN LÍDER COHERENTE.

CUANDO TU EJEMPLO GRITA MÁS FUERTE QUE TUS PALABRAS

El invierno de 1777 en Valley Forge no perdonaba a nadie. El hielo partía la tierra y el hambre partía el alma. Los soldados del ejército continental no solo luchaban contra un enemigo externo: también contra la fiebre, la escasez y el silencio desalentador de la derrota.

Y allí, en medio del barro y la desesperanza, no estaba solo el ejército. Estaba también su general.

George Washington no tenía que estar allí. Podría haber enviado cartas desde la calidez de una sala bien iluminada en Filadelfia. Podría haber delegado, dado órdenes sin ensuciarse las botas. Pero no lo hizo. Eligió quedarse.

Caminaba entre sus hombres con la misma ropa empapada por la nieve. Comía el mismo pan duro. Dormía bajo el mismo cielo helado.

Ante una escena asi estoy casi segura que algún soldado, temblando junto al fuego, se debió atrever a decirle:

—General, ¿por qué no se va a un lugar más cálido? Usted no tiene que estar aquí con nosotros.

Washington seguro lo miró con quietud, sin dramatismos ni discursos largos.

—Si ustedes pueden soportarlo, yo también. Nunca les pediré que caminen un camino que yo no esté dispuesto a recorrer primero.

Esas pocas palabras harían arder el corazón de cualquier hombre más que la fogata frente a ellos. Pero, aun si esas palabras nunca existieron, lo que sí existió fue algo mucho más inflamable: un hombre coherente. Porque la gente no sigue instrucciones, sigue ejemplos. Y las palabras pesan poco cuando la vida no las respalda.

Valley Forge no fue solo un campamento: fue el taller donde se templó el carácter de una nación. Y fue el carácter de un hombre el que encendió la esperanza.

"EL QUE ACTÚA TAN ALTO QUE NO NECESITA HABLAR."

Washington no solo lideró una revolución: encarnó el tipo de liderazgo que más necesitamos hoy: el que inspira sin gritar, el que se queda cuando podría irse, el que actúa tan alto que no necesita hablar.

Si hay algo que descalifica a un líder más rápido que cualquier otra cosa, es la falta de coherencia. Un líder que dice una cosa y hace otra, que promete y no cumple, o que se excusa con tecnicismos para no asumir sus responsabilidades, pierde toda credibilidad.

Nuestra generación puede tolerar errores, pero no la hipocresía. El liderazgo no se trata solo de lo que dices: se trata de lo que haces. Y si tus acciones no reflejan tus palabras, entonces tus palabras no valen nada.

> **"PORQUE LA GENTE NO SIGUE INSTRUCCIONES, SIGUE EJEMPLOS."**

JESÚS: EL MÁXIMO EJEMPLO

Jesús no solo predicaba principios: los vivía. Cada enseñanza que salía de su boca estaba respaldada por sus acciones. Cuando enseñaba sobre la humildad, Él mismo se humillaba lavando los pies de sus discípulos (Juan 13:14-15). Cuando hablaba de amor, lo demostraba al tocar a los leprosos, al defender a la mujer adúltera, al comer con pecadores.

Piensa en cómo abordó el perdón. No solo dijo que debíamos perdonar a nuestros enemigos: lo hizo en el momento más difícil posible, cuando estaba clavado en la cruz: "Padre, perdónalos, porque no saben lo que hacen" (Lucas 23:34). No fue una enseñanza teórica; fue una realidad vivida hasta las últimas consecuencias.

Cuando Jesús dijo que no hay mayor amor que dar la vida por los amigos (Juan 15:13), no era poesía; era un compromiso que llevó hasta el final. En Getsemaní pudo haber escapado, pero se entregó. En el juicio pudo haberse defendido, pero guardó silencio. En la cruz pudo haber descendido con poder, pero decidió quedarse y terminar su misión. Esa es la máxima coherencia: no decir nada que no estés dispuesto a vivir.

Jesús no solo actuaba con integridad: confrontaba la doble moral. Llamó a los fariseos "sepulcros blanqueados" (Mateo 23:27) porque decían una cosa y hacían otra. No toleraba la falsedad. Su enseñanza sobre la verdad no era opcional: "Sea vuestro hablar: Sí, sí; no, no; porque lo que es más de esto, de mal procede" (Mateo 5:37). Para Él, la coherencia no era un consejo: era un estilo de vida.

"NUESTRA GENERACIÓN PUEDE TOLERAR ERRORES, PERO NO LA HIPOCRESÍA."

QUE TU "SÍ" SUENE COMO UN SÍ

Cuando Jesús dijo en Mateo 5:33-37: *"Que su 'sí' sea 'sí' y su 'no' sea 'no'"*, no estaba dando una clase de etiqueta; estaba desarmando un juego peligroso.

En su tiempo, los fariseos habían convertido los juramentos en un truco de magia. Juraban por el templo, pero no por el oro del templo. Por el altar, pero no por la ofrenda. Era como firmar un contrato con tinta invisible: parecían comprometidos, pero siempre había una letra pequeña para escapar. Y si alguien les pedía cuentas, tenían la respuesta lista: explicaban que, si uno se fijaba bien, lo que ellos *quisieron* decir no era exactamente lo que todos habían entendido. Esa "aclaración" de última hora no era sabiduría; era un hábito engañoso.

Jesús les tira la mesa y dice: "Eso viene del maligno". Traducción para hoy: la manipulación disfrazada de espiritualidad sigue siendo del diablo. Punto.

Y sí, esto no se quedó en el siglo primero. Hoy el juego tiene otras palabras, pero el mismo corazón. El líder que nunca promete nada, pero deja caer frases para que creas que sí. El que te dice "vamos a orar y vemos" cuando en realidad ya decidió que no. El que te llena de "quizás" y "vamos hablando" para no asumir un no honesto.

Eso también es jurar en falso. Porque no necesitas un altar ni una vela para romper tu palabra; basta con decir lo que conviene y esperar que nadie te pida cuentas.

Jesús está juzgando esa doble vida: la que suena piadosa, pero no es confiable. Un líder del Reino habla con claridad. Su "sí" no necesita un emoji para reforzarse; su "no" no viene cargado de excusas. No porque sea brusco, sino porque su carácter respalda cada palabra.

No eres responsable de cada interpretación que otros hagan, pero sí eres responsable de hablar sin dobleces, de no jugar con las expectativas de la gente que sirves. Tu autoridad no se mide en cuántos versículos citas, sino en cuánta verdad sostiene tu voz cuando nadie graba stories.

En un mundo de promesas infladas y mensajes ambiguos, Jesús te llama a que tu "sí" suene como un sí... y tu "no", como un no. Todo lo que pase de ahí —dice Él— huele a tinieblas.

Esa enseñanza de Jesús no es solo una lección de lenguaje; es un llamado a **coherencia**.

Porque, al final, tu "sí" y tu "no" son el eco de tu carácter

Puedes predicar con pasión, cantar con lágrimas, levantar las manos en cada culto; pero si lo que dices en público no rima con lo que vives en privado, tu palabra se vuelve ruido.

La coherencia es el pegamento de la autoridad espiritual.

No se trata de ser perfecto, sino de ser el mismo en cada escenario.

Que la persona que ora en la plataforma sea la misma que contesta mensajes, que paga las cuentas, que maneja en el tráfico.

Que el "sí" que pronuncias en el altar tenga el mismo peso que el "sí" que das en tu casa cuando nadie aplaude.

El problema de los fariseos no era falta de Biblia, era falta de integridad.

Sabían recitar la Ley, pero su vida no la respaldaba.

Y Jesús, con una sola frase, les recordó que el Reino no se edifica con discursos huecos, sino con vidas que sostienen cada palabra que sale de su boca.

CÓMO SE VE LA COHERENCIA HOY

Ser coherente empieza por algo básico y brutal: cumple lo que prometes. No sueltes frases bonitas que no estás dispuesto a sostener. Y cuando tropieces —porque sí, todos tropezamos—, di que fallaste y punto. La humildad de un "me equivoqué" pesa más que mil excusas bien maquilladas.

Habla claro. No juegues con las palabras para dejarte una puerta trasera. Nada de "vamos viendo", nada de "quizás" disfrazado de compromiso. La claridad no solo evita enredos; construye confianza que ni mil discursos pueden comprar.

Y cuando inevitablemente te encuentres en contradicción, no maquilles el desastre para cuidar tu imagen. Reconoce, aprende, corrige. El líder que se esconde tras pretextos pierde más que reputación: pierde la credibilidad de los que lo siguen.

La coherencia no es perfección; es integridad en movimiento. Es tu "sí" siendo sí y tu "no" siendo no, aun cuando nadie te ve. El poder real de un líder no está en lo alto de su voz, sino en la profundidad de su ejemplo. La gente no sigue al que habla más fuerte, sino al

"LA COHERENCIA NO ES PERFECCIÓN; ES INTEGRIDAD EN MOVIMIENTO."

que vive lo que dice. Jesús no tuvo que gritar para probar quién era; sus actos predicaban por Él.

Por eso la pregunta no es "¿Qué dices?", sino "¿Qué haces?". Porque las palabras se olvidan; lo que se queda es el impacto de tu vida.

Ha llegado la hora de dejar de negociar con la incoherencia. El Reino no necesita voces que prometen lo que su carácter no respalda, necesita vidas imposibles de contradecir. Mata las excusas antes de que maten tu credibilidad. Rompe el pacto secreto con la tibieza.

Decide hoy que tu integridad valdrá más que tu reputación. Que tu ejemplo hablará más fuerte que cualquier micrófono. Que tu vida será un mensaje tan claro que nadie necesite subtítulos para entenderlo.

Sé coherente ahora. Sé íntegro hoy. Que tu "sí" sea sí aunque te cueste, y tu "no" sea no aunque el mundo presione. Porque el liderazgo que permanece no es el que suena mejor, sino el que resiste en el tiempo.

"EL PODER REAL DE UN LÍDER NO ESTÁ EN LO ALTO DE SU VOZ, SINO EN LA PROFUNDIDAD DE SU EJEMPLO."

El cielo no busca discursos brillantes; busca vidas que griten lo que predican. Ese es el poder de un líder de Cristo. Ese es el legado que nadie puede borrar.

El simple hecho de llamarte líder cristiano ya es una promesa no verbalizada hacia los demás: "Estoy caminando para alcanzar la estatura del Varón perfecto… y quiero llevarte conmigo hacia allá". Cada decisión que tomas grita eso, aunque no lo digas con palabras. Ser coherente no es solo mantener tu reputación, es reflejar que Cristo vive en ti y que tú vives por Él. No lideras desde tu carisma, lideras desde tu crucifixión con Cristo. Y ahí está el reto: tenemos demasiado con qué ser coherentes, porque no nos debemos solo a nosotros mismos, sino al Evangelio que predicamos y a la gente que espera ver en nosotros la huella del Maestro.

Porque ser coherente por sí solo no basta. Puedes ser coherente con tu pecado, con tu ego o con tus caprichos… y eso no es liderazgo, es esclavitud. La coherencia correcta no se mide en qué tan fiel eres a ti mismo, sino en qué tan parecido eres a Cristo. Ese es el rumbo. Ese es el estándar.

SANTIDAD: LA COHERENCIA QUE IMPORTA

La santidad no es un lujo para "súper espirituales"; es el grito final de la coherencia. Es vivir de tal forma que la gente, al mirarte de cerca, vea a Jesús y no a una versión tibia de ti. Pablo lo resumió así: *"No se amolden al mundo actual, sino sean transformados"* (Romanos 12:2).

Daniel lo entendió en Babilonia. Podía conformarse al palacio, pero "resolvió no contaminarse" (Daniel 1:8). Hoy las presiones cambian de nombre —aplausos a cambio de silencio, aceptación a cambio de tibieza—, pero la pregunta sigue siendo la misma: ¿te atreverás a ser distinto cuando todos negocian?

La coherencia verdadera se cultiva en prácticas simples y radicales.

Sumérgete en la Palabra que alinea tu camino (Salmo 119:9). Vive conectado en oración —no como rutina, sino como oxígeno— (1 Tes. 5:17). Rodéate de gente que también persigue la santidad (Prov. 13:20). Aprende a decir "no" sin disculpas. Y, sobre todo, depende del Espíritu Santo: *"Andad en el Espíritu, y no satisfagáis los deseos de la carne"* (Gál. 5:16).

Sin santidad no hay coherencia.

Puedes sonar convincente, pero si tu vida no refleja a Cristo, eres solo eco vacío. Un líder coherente no vive para encajar, vive para señalar al Dios que transforma.

Así que decide: rompe el pacto con la mediocridad, elige la santidad. Porque el mundo no necesita más discursos brillantes, necesita vidas imposibles de contradecir.

CAPÍTULO 6

LIDERAZGO SIN CERA

UN LÍDER AUTÉNTICO.

Esta es una generación distinta. Hoy lo orgánico es la aspiración. Ya no hablamos solo de comida; hablamos de cómo queremos vivir y mostrarnos. Estamos cansados de publicaciones perfectas y vidas de catálogo. Buscamos algo real, cercano. Esa "imperfección bonita": fotos sin filtro, emociones como son, historias sin guion.

La tendencia es expresarnos con naturalidad: vulnerabilidad sin show, días malos y alegrías sencillas. Muchos creadores han dejado lo artificial para mostrar lo humano. Lo excesivamente producido deslumbra un segundo; lo verdadero permanece.

Este anhelo nace porque la honestidad escasea. Entre imágenes filtradas, discursos editados y personajes diseñados para impresionar, la saturación es real. En esta cultura de apariencias, la generación actual no quiere líderes que finjan impecabilidad, sino referentes que exhiban procesos.

Venimos de generaciones donde parecer impecables valía más que ser reales: trajes planchados, reputaciones inmaculadas y silencios que escondían luchas. Hoy la credibilidad se gana con valentía: que lo que se ve en público sea la misma verdad que habita en lo secreto.

Integridad (del latín *integer*: entero) no habla de perfección, sino de unidad interior: que tu vida pública y tu vida privada sean la misma persona. No se trata de "no fallar", sino de no fracturarte. Algunos no pecan en público, pero viven rotos en privado; otros no mienten con palabras, pero actúan personajes distintos según el ambiente. El costo es altísimo: el alma se gasta.

"SIN CERA": LA MARCA DE LO AUTÉNTICO

"Sinceridad" viene de *sine cera*: sin cera. En la antigüedad, algunos alfareros tapaban grietas con cera; al sol, la cera se derretía y la vasija se desarmaba. Las piezas genuinas llevaban sello: *sin cera*.

"LO EXCESIVAMENTE PRODUCIDO DESLUMBRA UN SEGUNDO; LO VERDADERO PERMANECE."

Hoy seguimos buscando líderes sin cera: sin maquillaje de hipocresía. Tapar debilidades te vuelve frágil; mostrarlas con verdad te vuelve confiable. En una generación harta de lo superficial, enseñar las grietas con humildad crea conexión real. La vulnerabilidad bien vivida se transforma en fortaleza.

La gente ya no busca logros sin historia; busca procesos con esperanza.

SIN ESPECTÁCULO

Uno de los mitos del liderazgo fue que un buen líder debía ser invulnerable. En realidad, los que aparentan perfección **alejan**; los que viven con honestidad **acercan**.

Jesús es el modelo: *"se despojó a sí mismo"* (Fil 2:7–8). No lideró desde una torre inalcanzable, sino desde la cercanía, el servicio y la entrega. Su vida declara que liderar no es "tenerlo todo resuelto", sino ser **fiel a la verdad**.

La autenticidad se nota en lo cotidiano: admitir que no tienes todas las respuestas, confesar luchas sin dramatizar, y vivir una dependencia visible de Dios. **El líder que nunca se equivoca parece inalcanzable; el que reconoce su necesidad de gracia abre camino para que otros se acerquen.**

Antes el respeto se ganaba con impecabilidad. Hoy la credibilidad se gana con **autenticidad**. Ser auténtico es profético: resistir la presión de vivir detrás de máscaras.

No se trata de ser perfecto, sino de ser **humano íntegro**: admitir procesos, mostrar cicatrices y dejar que tu historia **—sin**

cera— inspire a otros a soltar las suyas. Atrévete a liderar con una vida tan honesta que nadie tenga que adivinar quién eres.

ADVERTENCIA SOBRE LA AUTENTICIDAD

Mucho cuidado: la autenticidad no es licencia para la carne. Ser auténtico no significa decir *"así soy yo y que me aguanten"*. Tampoco es excusa para quedarnos cómodos en nuestras debilidades. Sí, está bien no ser perfectos... pero en un líder, las huellas del perfeccionamiento deben ser visibles. La autenticidad sin transformación no es virtud: es negligencia espiritual.

Lo digo con dolor, porque he perdido amigos en este camino.

Gente que admiré profundamente por su sinceridad. Hombres y mujeres que hablaban "sin filtro", que decían lo que pensaban y se justificaban diciendo: *"quizás sueno agresivo, quizás soy tosco... pero por lo menos soy real. No voy a fingir como los hipócritas"*. Y por años yo lo celebré: *"¡Así me gusta la gente! Directa, sin máscaras"*.

"LA GENTE YA NO BUSCA LOGROS SIN HISTORIA; BUSCA PROCESOS CON ESPERANZA."

Pero con el tiempo entendí que no siempre era sinceridad... a veces era falta de intención de cambiar. No era transparencia, era pereza espiritual. Decían "así soy", pero lo que realmente comunicaban era: *"no pienso dejar que Cristo me transforme"*. Y tristemente, muchos de ellos no cayeron por sus palabras… sino por los otros impulsos que tampoco quisieron someter a la cruz.

La autenticidad sin carácter no edifica: arrastra.

Hace poco viví una de las conversaciones más extrañas de mi vida.

Le decía a un colega:

—No te voy a mentir. A veces me cuesta escuchar canciones cristianas de ciertos cantantes… porque conozco su vida fuera del escenario, y siento que me están mintiendo cuando cantan.

Pensé que él iba a asentir en silencio. Pero me respondió con orgullo, como quien se siente libre de culpa:

—Te entiendo. A mí me pasa igual… aunque por lo menos, si tengo sexo ilícito con alguna chica, yo lo canto.

Como diciendo: *"al menos yo no soy hipócrita. Yo soy auténtico"*.

Tuve que respirar hondo. Porque lo que él llamaba honestidad, el cielo lo sigue llamando pecado. La Biblia no tiene una fila especial para "pecadores sinceros". Los hipócritas serán juzgados… y los que fornican también. No importa si lo cantas con buena melodía.

"LA AUTENTICIDAD SIN CARÁCTER NO EDIFICA: ARRASTRA."

Así que, por ningún motivo te confundas.

Este no es un capítulo que aplaude la falta de carácter.

No está escrito para que digas *"así soy"*, sino para que declares *"así no quiero seguir siendo"*.

Tu autenticidad no debe apuntar a justificarte, sino a exponerte ante Cristo para que Él te transforme.

Dios no te llamó a ser "la versión más honesta de ti mismo". Te llamó a ser la versión más parecida a Él.

Y aunque un líder nunca será perfectamente santo, sí debe ser evidentemente rendido. Que sea notorio que, aunque sangra, lucha. Que, aunque tropieza, se levanta más humilde. Que, aunque todavía no es Cristo… está muriendo cada día para parecerse más a Él.

Esa es la única autenticidad que el cielo avala. Todo lo demás es cera barata bajo el sol.

CAPÍTULO 7

DECÍDETE POR ELLOS

UN LÍDER COMPROMETIDO.

El corazón late distinto cuando escuchas la palabra compromiso, ¿verdad?

A veces suena como si alguien hubiera dicho *cadena perpetua* en vez de *pacto*.

Hace unas semanas escuchaba a unas amigas decir que, hoy en día, hacer la pregunta: "¿Vamos en serio?" parece la forma más efectiva de terminar una relación. Aunque hayas estado esperando la respuesta dos semanas, dos meses… o dos años.

¿Esperar dos años? Bueno, ya ese es tema para otro libro.

Esa pregunta no pesa en megabytes; pesa en kilómetros de futuro.

Y no se trata de casos aislados. Un artículo reciente en *Machronicle* bromeaba: "¿Acaso la Gen Z mató el compromiso?" (Machronicle, 2024). No lo mató, pero lo puso en cuarentena. Estudios publicados en *ResearchGate* (2023) muestran que, en la Generación Z, la "intimidad digital" a veces reemplaza la conexión cara a cara. Resultado: menos prisa por definir un *para siempre*.

Vivimos en un tiempo donde la puerta abierta parece más segura que un *para siempre*.

¿Por qué?

"VIVIMOS EN UN TIEMPO DONDE LA PUERTA ABIERTA PARECE MÁS SEGURA QUE UN PARA SIEMPRE."

Para empezar, hay **demasiadas opciones**. La vida se nos presenta como un bufé interminable: por cada plato que tomas, renuncias a otros diez. El famoso FOMO —ese miedo a perderte algo mejor— convierte un solo "sí" en un montón de "no", y de pronto comprometerse se siente como amputar posibilidades.

A eso súmale la **cultura del "primero yo"**. Cuidar la salud mental y el bienestar personal es necesario, claro. Pero cuando "cuidarme" se convierte en "no me ato a nadie", el compromiso se percibe más como amenaza que como refugio.

Tampoco ayuda la **inestabilidad global**. El mundo parece una montaña rusa: pandemias, crisis de trabajo, cambios que aparecen de la nada. Con todo moviéndose tan rápido, pensar en un compromiso a largo plazo se siente como armar una torre de arena en la orilla: en cualquier momento llega una ola y se la lleva.

Y, por último, está el **desgaste de la familia**. El aumento de divorcios y de hogares que nunca llegan a consolidarse ha bajado el estándar de lo que antes llamábamos valores fundamentales. Muchos crecen viendo promesas rotas como parte del paisaje: padres que no se hablan, matrimonios que duran lo que un verano, figuras de autoridad que cambian con cada mudanza.

Cuando tu cuna fue testigo de un amor que se deshizo, es fácil pensar que los compromisos son como castillos de arena: se ven firmes, pero una ola basta para borrarlos. Ese eco de inestabilidad se queda en la mente y, casi sin darnos cuenta, moldea nuestra forma de mirar el "para siempre".

La ausencia de figuras paternales constantes en los hogares ha dejado una marca profunda. Ha hecho que la sociedad —y especialmente nuestra generación—, casi sin notarlo, sea menos capaz no solo de comprometerse con los demás, sino también de creer que los demás están realmente comprometidos con ellos.

Esto sucede porque la degradación de los valores familiares y de los estándares sociales ha aflojado tanto los cimientos que hemos terminado cayendo en una especie de irresponsabilidad colectiva: nos cuesta permanecer y nos cuesta confiar en que alguien más lo hará

Cuando el amor que debía quedarse se va, se instala una duda silenciosa: "¿Quién de verdad se quedará conmigo?"

Esa herida, aunque no siempre se confiese en voz alta, termina moldeando la forma en que miramos cualquier compromiso.

Nuestra época está llena de hogares donde el apellido es el mismo, pero la mesa tiene sillas vacías.

La inestabilidad familiar se ha vuelto tan común que ya casi no sorprende: padres que se marchan, parejas que se rompen antes de que los hijos terminen la escuela, adultos que entran y salen como huéspedes temporales. Nos sobran casas marcadas por la ausencia paternal, y en ese vacío se va gestando un mensaje silencioso: las personas no se quedan para siempre.

Cuando en casa falta una figura paterna estable, no solo desaparece una presencia: se erosiona un patrón de confianza.

Crecer sin un referente que permanezca —un papá que se quede, un adulto que no cambie de bando con la tormenta— deja una huella silenciosa: cuesta creer que alguien vaya a quedarse.

Por eso, para muchos de nuestra generación, comprometerse no es el único desafío.

Aceptar que otro se comprometa con nosotros también da miedo.

Si el primer hombre que debió mostrarnos constancia se ausentó, ¿cómo confiar en que un amigo, un líder o un cónyuge no harán lo mismo?

Aquí está el punto que nos confronta: esta generación no solo necesita consejos; necesita líderes que rompan el patrón.

Gente radicalmente comprometida que no salga corriendo cuando la relación deja de ser cómoda.

Hombres y mujeres que, más allá de diferencias, momentos bajos o malentendidos, sean una presencia confiable.

Ser ese tipo de líder no es un lujo; es un llamado.

Cuando tú eliges quedarte, incluso cuando sería más fácil irte, te conviertes en una evidencia viva de que la lealtad todavía existe.

> **"ESTA GENERACIÓN NO SOLO NECESITA CONSEJOS; NECESITA LÍDERES QUE ROMPAN EL PATRÓN."**

Y cada vez que permaneces, sanás una grieta heredada: demuestras que el compromiso no es un mito y que la fidelidad no es una especie en extinción.

MANIPULAR NO ES UNA OPCIÓN

Antes de seguir, detengámonos.

Esta no es una invitación para que uses las heridas de la gente como pegamento para tu ministerio.

No confundas compasión con co-dependencia.

Uno de los errores más dolorosos que he cometido en el ministerio fue tomar roles que no me correspondían.

Cuando alguien llega con la herida de un padre ausente, es muy fácil que proyecte en tu vida lo que perdió.

De pronto, tu liderazgo se vuelve la figura que su corazón no encontró en casa.

Y, sin darte cuenta, quedas atrapado: cada decisión que tomes, cada ausencia inevitable, cada "no" necesario, rozará una cicatriz.

Si no tienes cuidado, terminas enredado en una relación insana, incapaz de ayudar de verdad, porque cada paso que das revive un dolor que no puedes sanar.

Por eso, líder, ten cuidado de ocupar lugares que solo Dios puede llenar.

Acompañar no significa sustituir.

Amar no significa reemplazar.

Servir no significa convertirte en el padre que alguien perdió.

Y aquí va una advertencia más dura: el verdadero amor no manipula. Punto.

Con una generación marcada por heridas profundas, la tentación de amarrar a la gente a tu proyecto usando su dolor es real.

Hay líderes que construyen su influencia apretando las grietas emocionales de otros para que no se vayan.

Eso no es pastorear; eso es abuso espiritual.

Hoy, en un mundo lleno de heridas, mucho del liderazgo se basa en "atar" personas desde su carencia.

Pero no fuimos llamados a sostener heridos para que dependan de nosotros, sino a llevarlos a Cristo para que sean sanados.

Si tu ministerio se mantiene porque las personas no saben vivir sin ti, no estás levantando discípulos: estás fabricando esclavos.

Ama de tal forma que, cuando sanen, puedan caminar sin tu mano.

Ese es el único liderazgo que huele a Jesús.

ENTONCES, ¿QUÉ SÍ PUEDO HACER?

Amarles.

Amarles de una manera que los acerque a Cristo, no a ti.

Amarles con la clase de amor que no pide pago ni exige permanencia; que acompaña sin poseer.

Amarles significa caminar junto a ellos mientras sanan, recordándoles que su identidad no se define por la herida sino por el Padre que no abandona.
Es escuchar sin prometer ser su salvador, orientar sin adueñarte de su historia, celebrar sus pasos sin reclamar que te deban el camino.

"EL VERDADERO AMOR NO MANIPULA. PUNTO."

Amarles es también señalarles la puerta de la verdadera sanidad: Jesús.
Porque solo Él puede ocupar el lugar que ninguna figura terrenal llenó.
Tu rol no es ser su héroe; tu rol es ser el dedo que apunta hacia el Héroe.

Amarles, finalmente, es enseñarles a volar solos, aunque signifique que un día no te necesiten más.
Ese es el liderazgo que deja huella: el que se alegra cuando los hijos en la fe caminan libres, no cuando dependen de tu sombra.

COMPROMÉTETE A AMARLOS

Un compromiso no es una decisión tomada a la ligera.
Es una entrega que, muchas veces, te costará a ti mismo.
El apóstol Pablo lo expresó así: *"Y yo con el mayor placer gastaré lo mío, y aun yo mismo me gastaré del todo por amor de vuestras almas"* (2 Corintios 12:15).

Esa es la esencia del compromiso: gastar la vida, no solo el tiempo libre.

Comprometerse a amar significa permanecer más allá de los valles y las montañas de la gente.
Es un amor que aprende del mejor Amador de todos: Cristo.

Él ve nuestras debilidades, nuestras infidelidades, y aun así permanece fiel.

Nos amó antes de que nosotros le amáramos; nos sigue amando aun cuando no estamos a la altura de su amor.

Un amor que ve la multitud de fallas y, en lugar de señalarlas con vergüenza, las cubre con gracia.

Eso es lo que esta generación necesita de sus líderes: hombres y mujeres que reflejen ese tipo de amor.

No líderes que te traten con cariño mientras les conviene, que te llamen "hijo" prometiéndote afecto eterno y, en cuanto decides servir en otro ministerio, te etiqueten de "malagradecido" o te saluden con indiferencia.

El verdadero compromiso no juega a la paternidad para después castigar con el silencio.

"AMA DE TAL FORMA QUE, CUANDO SANEN, PUEDAN CAMINAR SIN TU MANO."

Comprometerte a amar es decidir que tu afecto no depende de la conveniencia ni del aplauso, sino del carácter de Cristo en ti.

Es elegir ser un líder cuya constancia no se quiebra cuando la gente cambia de ruta, porque tu amor no está anclado en lo que ellos hacen, sino en lo que Él hizo.

El compromiso es una decisión que te posee.

En latín, *compromissum* describía un pacto legal; una vez pronunciado, tu palabra te ataba.

Hoy, ese principio sigue vivo: el compromiso no te quita libertad, te regala dirección.

Cuando dices "sí", miles de "quizás" se vuelven innecesarios.

Stephen Covey lo resumió bien: hay elecciones que, una vez tomadas, eliminan mil decisiones futuras.

Ese es el poder del compromiso: se convierte en el GPS de tu vida, marcando la ruta cuando la brújula de tus emociones se confunde.

Este es mi reto para ti: asume el compromiso por la gente, cueste lo que cueste.

Comprometerte significa pagar el precio, permanecer en las temporadas incómodas, seguir amando cuando los aplausos se acaban.

Es una decisión que te moldeará más de lo que tú la moldeas a ella.

Jesús mismo nos dio el modelo perfecto: *"Habiendo amado a los suyos, los amó hasta el fin"* (Juan 13:1).

Ese es el estándar.
Ese es el llamado.
Ese es el tipo de "sí" que transforma generaciones.

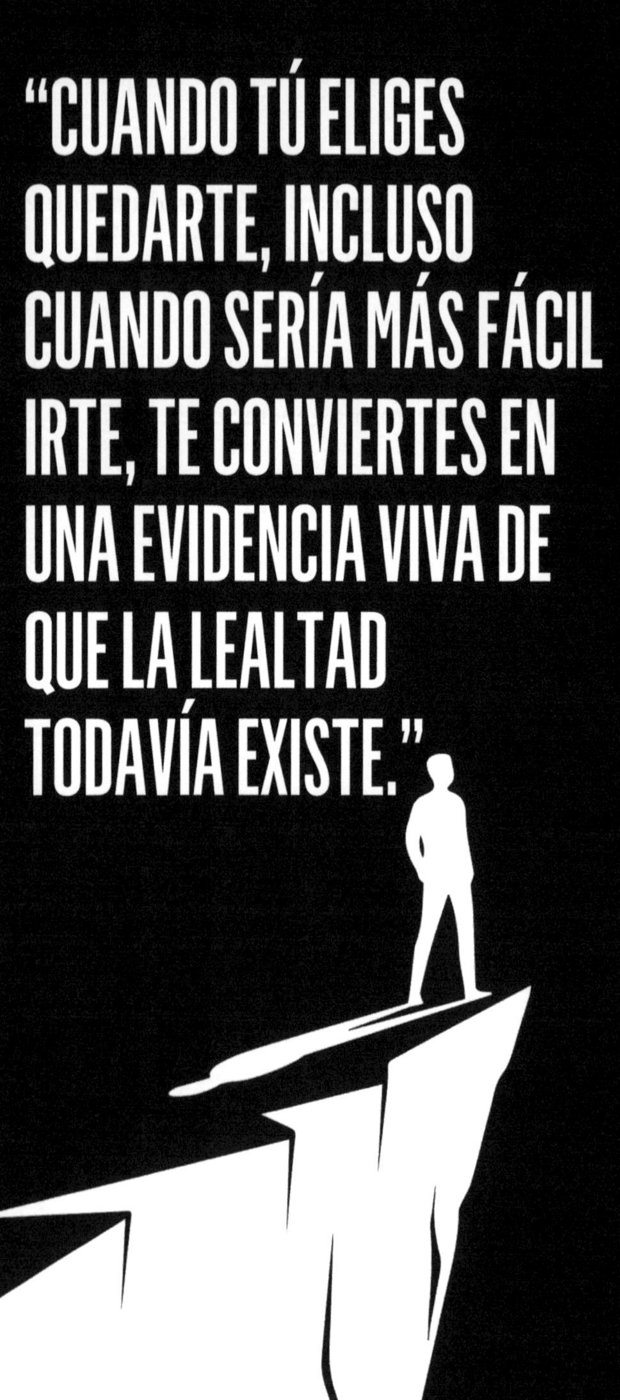
"CUANDO TÚ ELIGES
QUEDARTE, INCLUSO
CUANDO SERÍA MÁS FÁCIL
IRTE, TE CONVIERTES EN
UNA EVIDENCIA VIVA DE
QUE LA LEALTAD
TODAVÍA EXISTE."

CAPÍTULO 8

¡HAZLO SIMPLE!

UN LÍDER SENCILLO.

¡Yo crecí en una iglesia que nunca cerraba!

No estoy exagerando.

Los lunes eran de oración: gente de rodillas, manos levantadas, el eco de voces que hacían temblar el piso.

El martes: estudio bíblico. Lápices mordidos, Biblias abiertas y ese pique santo de quién encontraba primero el versículo.

Miércoles: noche de misiones. Mapas pegados en la pared y un fuego en el corazón por lugares que ni sabíamos pronunciar.

Jueves: damas por un lado, caballeros por el otro; himnos del himnario y conversaciones que se alargaban más que las sillas de madera.

Viernes… ¡los viernes eran otra liga! Servicio de jóvenes. La música tan fuerte que ni los abanicos de techo podían enfriar la energía. Cantábamos hasta quedarnos roncos y planeábamos dramas como si fuéramos a Hollywood.

El sábado amanecía y la iglesia ya estaba encendida: ensayos de danza, música, teatro… si respiraba, ensayaba.

Y el domingo…

Tres servicios.

Cuatro horas cada uno.

Sillas plásticas que parecían tronos y un piso de cemento que se sentía como alfombra de cielo.

Comíamos cuando el sol ya estaba de regreso, y nadie se quejaba porque la mesa más importante estaba en el altar. Eso sí que era divertido.

Yo era lo que en mi barrio llamaban un ratón de iglesia. Y era feliz. De verdad, feliz.

Toda esa pasión que hoy me quema por dentro nació allí, en esa burbuja eclesiástica que me adoptó.

Estudiaba en un colegio dentro del mismo templo; hasta mis catorce años pasaba más tiempo allí que en mi propia casa.

Si me das un botón de "rebobinar", no cambio nada.

Ni una sola hora.

Ni un solo servicio de cuatro horas.

Ni una sola vigilia con olor a café recalentado.

Pero—y aquí viene el golpe honesto—los tiempos cambiaron.

Mires a donde mires, ya no es igual.

Las agendas se llenaron de trabajo, universidad, vida. Los cultos rara vez llegan a una hora y media. Los adolescentes de hoy ni se imaginan lo que era pasar todo un sábado entre cables de micrófono y bancos de madera.

Y sí… me he sorprendido soltando la frase de todo nostálgico:

"En mis tiempos…"

En mis tiempos nadie se quejaba por durar horas en un culto.

En mis tiempos la universidad se ajustaba al calendario de la iglesia, no al revés.

En mis tiempos… en mis tiempos… en mis tiempos.

¿Y sabes qué? Me ha dolido admitirlo.

Me ha dolido tanto que casi puedo sentir el peso en el pecho.

Pero aquí está la verdad que tuve que tragarme como un café amargo:

POR MÁS QUE ME DUELA, YA NO ESTAMOS EN MIS TIEMPOS

La vida, hoy, corre a una velocidad que mi generación nunca imaginó.

Antes, la agenda de la semana se escribía a mano y apenas cambiaba.

Hoy, tu celular vibra como si le pagaran por dar malas noticias: correos, reuniones de Zoom, tareas que se multiplican como panes y peces… pero sin milagro de descanso.

Los jóvenes de ahora no es que no amen la iglesia; es que, para cuando cae la noche, ya han corrido una maratón de universidad, trabajo freelance, tráfico, mensajes y un "emprendimiento" que les sirve de segundo empleo.

Lo que para nosotros era rutina—pasar horas en un templo—para ellos suena a lujo de otro planeta.

No es que no quieran; es que el tiempo se volvió su recurso más caro.

A ese reloj apretado se suman demandas que no existían cuando yo era un ratón de iglesia.

Para ellos, la fe no es un espacio de sobra; tiene que ser oxígeno en medio del sprint.

Necesitan líderes que no compliquen más el camino, que no añadan burocracia espiritual.

Necesitan un liderazgo que aterrice la verdad de Dios en un calendario saturado.

Y aquí está nuestro desafío: si el ritmo cambió, nuestro liderazgo también debe cambiar.

No para diluir el evangelio, sino para hacerlo audible en medio del ruido.

No para rebajar la verdad, sino para presentarla tan clara que hasta el corazón más cansado pueda encontrar descanso.

"NO ES QUE NO QUIERAN; ES QUE EL TIEMPO SE VOLVIÓ SU RECURSO MÁS CARO."

Cuando comencé a soñar con plantar CASA, Dios usó un libro para romper mis moldes: *Iglesia Simple* de Thom S. Rainer y Eric Geiger.

Yo venía de una iglesia que tenía calendario para cada día, de una cultura donde entre más programas teníamos, más "espiritual" parecía todo.

Y de pronto, estas páginas me confrontaron.

Me dijeron, en pocas palabras: la verdadera iglesia no necesita un calendario apretado; necesita un proceso claro.

Me topé con cuatro ideas que me hicieron soltar el control:

Claridad, porque la misión tiene que ser tan nítida que hasta un niño pueda repetirla sin confundirse.

Movimiento, porque en vez de amontonar ministerios, debemos guiar a las personas paso a paso hacia la madurez.

Alineación, porque cada área de la iglesia debe remar en la misma dirección, y lo que no ayuda a la visión… se ajusta o se deja ir.

"NECESITAN LÍDERES QUE NO COMPLIQUEN MÁS EL CAMINO."

Y **Enfoque**, la más difícil para mí: el coraje de decir "no" a lo que no encaja, aunque parezca bueno, para que lo esencial pueda crecer.

Para un "ratón de iglesia" como yo, criada en la agenda de todos los días, negarme a la fórmula que me formó fue un desafío real.

Plantar CASA significó desaprender la idea de que más actividades producen más fe y atreverme a creer que, a veces, menos es de verdad mucho más.

Estos principios no solo me ayudaron a diseñar una iglesia; me enseñaron a soltar el orgullo de creer que la multitud de programas sostiene la obra de Dios.

Descubrí que el Reino no se mide en cantidad de eventos, sino en el poder de un proceso que transforma corazones.

Y aunque aquí te hablo de la plantación de una iglesia, quizá tu escenario sea distinto.

Tal vez lideras un equipo en la universidad, un ministerio de jóvenes, un grupo de trabajo en la empresa o un pequeño grupo de discipulado.

Los principios de *Iglesia Simple* no se quedan en un manual de plantación; son herramientas que puedes aplicar a cualquier espacio donde tengas influencia.

"LA VERDADERA IGLESIA NO NECESITA UN CALENDARIO APRETADO; NECESITA UN PROCESO CLARO."

Déjame mostrarte cómo se ven en la vida real:

1. CLARIDAD

La gente no sigue instrucciones confusas. Necesita saber con palabras sencillas cuál es el "por qué" y el "para qué".

Las generaciones anteriores tal vez obedecían sin pedir explicaciones; seguían órdenes y punto.

Pero las generaciones presentes hacen preguntas, examinan los motivos y necesitan entender el corazón detrás de cada decisión antes de comprometerse a seguirla.

"A VECES, MENOS ES DE VERDAD MUCHO MÁS."

Claridad es poder expresar la visión en una frase que un adolescente, un nuevo creyente o un compañero de trabajo pueda repetir sin tropezar.

Es evitar los discursos de diez minutos para decir lo que una frase podría encender.

En la práctica: Sé intencional en repetir el corazón de tu misión en cada conversación y en cada decisión.

Si nadie puede decir de qué se trata tu liderazgo, tal vez ni tú lo tienes claro.

Preguntas para mirarte por dentro:

– ¿Podría alguien que me escucha por primera vez describir en una frase la razón de ser de mi grupo o de mi influencia?

– ¿Estoy usando un lenguaje simple o escondo la visión detrás de palabras bonitas pero confusas?

2. MOVIMIENTO

Liderar no es acumular actividades; es diseñar un camino para que la gente crezca.

Movimiento es ayudar a las personas a dar su siguiente paso, no a quedarse atrapadas en la rutina.

Y este punto abre un espacio para aclarar algo: no se trata de las actividades que convocan al mayor número de personas, sino de las acciones que forman a la gente a la imagen de Cristo, que debe ser el verdadero medidor de la efectividad de nuestro liderazgo.

"EL REINO NO SE MIDE EN CANTIDAD DE EVENTOS, SINO EN EL PODER DE UN PROCESO QUE TRANSFORMA CORAZONES."

En la práctica: En vez de llenar el calendario de eventos, pregúntate: "¿Qué paso viene después para ellos?"

Quizá sea una conversación uno a uno, un taller, un desafío de servicio.

El punto no es cuántas cosas haces, sino si la gente está avanzando.

Preguntas para mirarte por dentro.

– ¿Tengo un proceso claro que ayude a la gente a crecer, o solo muchos planes sin destino?
– ¿Sé cuál es el próximo paso de quienes lidero?

3. ALINEACIÓN

Cuando cada parte de un equipo rema en su propia dirección, terminamos girando en círculos.

Alineación es asegurarse de que todas las áreas, todas las personas y todos los recursos se muevan hacia la misma meta.

En la práctica: Haz que tu equipo repita la misión y conecta cada tarea a esa visión.

Si algo no contribuye a ella, no importa cuán bueno parezca: ajústalo o déjalo ir.

Preguntas para mirarte por dentro.

–¿Cada proyecto que lidero tiene un vínculo directo con la misión que compartimos?
– ¿Estoy dispuesto a dejar ir lo que no suma, aunque haya sido "siempre parte de lo que hacemos"?

4. ENFOQUE

Este principio duele porque nos encanta decir que sí

Pero un liderazgo efectivo sabe que **menos, es más**.

Enfoque es la valentía de podar para que lo esencial florezca.

En la práctica: Decide con tu equipo qué es realmente prioritario.

Aprende a decir "no" sin culpa, para poder decir un "sí" más fuerte a lo que importa.

Preguntas para mirarte por dentro.

– ¿Estoy dedicando tiempo y energía a lo que realmente transforma, o me pierdo en lo urgente pero irrelevante?
– ¿Tengo el coraje de decir "no" a actividades buenas que no encajan en la misión?

Estos cuatro principios no solo transforman la manera en que organizas una iglesia; pueden revolucionar cualquier espacio de liderazgo.

Porque, al final, simplicidad no es superficialidad: es la profundidad que se atreve a ir directo al corazón.

Podar duele, pero la belleza siempre aparece después del corte.

Lo mismo pasa en el liderazgo.

Cortar lo que no es necesario —aunque esté lleno de costumbre, aunque atraiga a mucha gente, aunque te garantice asistencia— es un acto de valentía.

Muchas veces intentamos cubrir con un montón de hojas dispersas las zonas muertas de los espacios que lideramos.

Y toda la complicación de nuestros métodos, en realidad, solo sirve para ocultar las fisuras que no queremos reconocer.

Pero Dios no nos llama a esconder grietas: nos llama a exponerlas a la luz.

Toma la valentía de mostrar lo que tiene que ser mostrado y simplificar lo que tiene que ser simplificado.

Porque, aunque parezca que por un momento estás perdiendo cosas, en realidad estarás abriendo espacio a lo bueno y a lo sano que viene adelante.

"SIMPLICIDAD NO ES SUPERFICIALIDAD: ES LA PROFUNDIDAD QUE SE ATREVE A IR DIRECTO AL CORAZÓN."

Si el compromiso de quienes lideras depende solo de una agenda llena de actividades y no de Cristo mismo, entonces no estamos haciendo un buen trabajo de discipulado.

Un líder que se atreve a podar no busca entretener multitudes; busca formar discípulos que sigan a Jesús, no a un calendario.

Hoy te invito a tomar las tijeras santas.

A tener el coraje de recortar lo que sobra, aunque duela, aunque incomode, aunque parezca arriesgado.

Porque cuando tu liderazgo deja espacio para que la savia corra libre, el fruto que permanece siempre será más hermoso que cualquier rama que decidiste dejar ir.

"UN LÍDER QUE SE ATREVE A PODAR NO BUSCA ENTRETENER MULTITUDES; BUSCA FORMAR DISCÍPULOS QUE SIGAN A JESÚS, NO A UN CALENDARIO."

CAPÍTULO 9

ESTAR ENFERMO ESTÁ DE MODA

UN LÍDER SALUDABLE

Puede sonar cruel, pero seamos honestos: estar enfermo está de moda. No porque la gente quiera sufrir, sino porque nuestra cultura aprendió a romantizar el malestar hasta volverlo identidad.

En redes la tristeza tiene filtros bonitos. Las crisis emocionales se convierten en frases de camiseta: *"ansioso pero estético"*, *"triste pero con estilo"*. Los memes tratan la depresión como hobby. Hablar de salud mental es necesario —rompe silencios antiguos—, pero el riesgo es real: la herida deja de ser proceso de sanidad y se vuelve marca para exhibir. Para muchos jóvenes, su "yo roto" es su carta de presentación.

Compartir el proceso da likes, comentarios y validación. La empatía es medicina. El problema es cuando la atención sustituye la sanidad: usamos la historia para aplaudos no para crecer. Es fácil quedarse en el escenario del sufrimiento; el público aplaude más cuando el héroe aún sangra.

Además repetimos que "estar quemado es parte de ser adulto", que la ansiedad es "el nuevo normal". El cansancio crónico se presume como medalla de productividad. Así, sin darnos cuenta, el desorden interior se vuelve credencial de que estás "en la jugada": *"Si no estás agotado, no lo estás intentando lo suficiente."*

A esto se pega una consigna que parece inocente y puede ser letal: "acéptate como eres". Sí, Dios nos ama tal como somos, pero su amor nunca nos deja donde nos encontró. Cuando la autoaceptación se vuelve licencia para el descuido, empujamos el cuerpo —vehículo santo por el que Cristo quiere moverse en el mundo— hacia su propia perdición. No hablo solo de emociones, sino también de hábitos físicos. Normalizar comida basura "porque me lo merezco", hacer del desvelo un estilo de vida, abusar de sustancias que corroen el templo del Espíritu. En nombre de la autenticidad, olvidamos que fuimos creados para reflejar la gloria de Dios también con lo que comemos, cómo descansamos y qué permitimos entrar en pulmones y venas. Aceptarte no es abandonar el cuidado del cuerpo que Dios te confió.

"EN REDES LA TRISTEZA TIENE FILTROS BONITOS."

En una cultura que presume la enfermedad, nosotros —líderes— no podemos conformarnos. Estamos llamados a ser la respuesta, a negarnos a lo mediocre y mostrar otro camino: encarnar la salud que Cristo compró. *"Por sus llagas hemos sido sanados"* (Is. 53:5). Esa sanidad no es solo el boleto al cielo; es una vida íntegra hoy: cuerpo, emociones y espíritu. Que cada decisión, hábito y palabra testifique que la obra de Cristo nos hace completos. Ser líderes sanos no es lujo ni moda; es evidencia visible de un Salvador que restaura cada área.

EL CUERPO: EL PRIMER TERRITORIO DE LIDERAZGO

Si quieres medir la seriedad de un líder, mira cómo administra su propio cuerpo. Antes de pastorear multitudes, Dios te confió el primer rebaño: tu propio ser. No es egoísmo; es obediencia. "*¿No saben que su cuerpo es templo del Espíritu Santo…? No son dueños de sí mismos; fueron comprados por precio. Por tanto, honren a Dios con su cuerpo*" (1 Co. 6:19–20). El cuerpo no es accesorio descartable; es santuario móvil. Lo que haces con él es adoración… o rebeldía.

La Biblia une cuidado físico y vida espiritual. "*Ruego que tengas buena salud y que todo te vaya bien, así como va bien tu alma*" (3 Jn 1:2). No es culto a la imagen; es mayordomía. Proverbios advierte: "*El perezoso… pasará hambre; el diligente será saciado*" (Pr. 19:15). Lo que toleras en lo físico se convierte en permiso para la mediocridad en lo emocional y lo espiritual.

"EL PROBLEMA ES CUANDO LA ATENCIÓN SUSTITUYE LA SANIDAD."

Jesús integró el cuerpo en la misión: se apartaba a orar (Mr. 1:35), invitó a descansar (Mr. 6:31), comía con sus discípulos. Cuidar el cuerpo no es vanidad; es un acto de obediencia que impacta cada dimensión: más claridad mental, más paciencia, más sensibilidad a la voz de Dios.

Y ahora, sí, la línea dura.

El que abusa de su propio cuerpo porque no sabe ponerse límites está en pecado. Suena radical y no me importa: rompe el cuarto mandamiento. Punto. Debe sentarse y entrar en proceso de restauración —tan necesario como si quebrantara mandamientos sexuales o robara dinero—. ¿Cómo guiar a otros a vidas sanas si nos imponemos vivir enfermos con nuestras decisiones?

Descuidar el descanso no es heroísmo; es desobediencia. Dios no puso el sabbat para admirarlo como reliquia, sino para vivirlo como ritmo. Un líder que presume no dormir y confunde agotamiento con unción es el peor ejemplo. El descanso no es sugerencia piadosa; es mandamiento que forma y protege. Si quieres autoridad, obedece el reposo: solo quien descansa en Dios puede enseñar a vivir sano.

> **"ACEPTARTE NO ES ABANDONAR EL CUIDADO DEL CUERPO QUE DIOS TE CONFIÓ."**

El cansancio innecesario, la mala alimentación, el abuso de sustancias y la falta de reposo erosionan tu capacidad de amar y servir. Si tu cuerpo se quiebra por negligencia, tu liderazgo se debilita aunque tu espíritu quiera correr. *"Nadie aborreció su cuerpo; lo sustenta y lo cuida, como Cristo a la iglesia"* (Ef. 5:29). Cuidar tu cuerpo es profecía viviente: como

Cristo cuida a su iglesia, tú cuidas el templo donde Él habita. Coherencia entre cuerpo, alma y espíritu grita más fuerte que mil sermones.

LA ECONOMÍA DEL TRAUMA

Vivimos en una era donde el dolor no solo se siente... se cotiza. No hablamos de heridas inventadas, sino de un sistema cultural que transforma el trauma en capital: seguidores, visibilidad, influencia, ingresos. Bienvenido a la economía del trauma.

En este mercado invisible, el dolor se vuelve contenido. Las redes aplauden la historia más cruda: más likes, más reproducciones, más donaciones. La herida real se hace *branding*, y el aplauso colectivo puede premiar quedarse roto en vez de buscar sanidad. Los medios y marcas lo saben: podcasts, series, campañas... el trauma vende. Aun con buena intención, la línea entre sensibilizar y explotar el morbo es delgada.

> **"DESCUIDAR EL DESCANSO NO ES HEROÍSMO; ES DESOBEDIENCIA."**

Peor: en algunos espacios ser víctima otorga estatus moral. La identidad —y a veces los ingresos— quedan atados a una herida que nunca se deja cerrar. Entre jóvenes, esto suena a historias de ansiedad convertidas en "estética", memes que trivializan la depresión y amistades construidas solo alrededor del dolor compartido. El trauma deja de ser experiencia y se vuelve identidad.

Nombrar esto no es culpar a quien sufre; es desenmascarar un sistema que recompensa permanecer herido. Y como líderes no estamos para perpetuar la cadena, sino para interrumpirla: escuchar el dolor, sí; pero también señalar el camino de sanidad que Cristo abrió.

Aceptar la economía del trauma como "nuevo normal" no es neutral: contradice el corazón del evangelio. *"El Espíritu del Señor está sobre mí… me envió a sanar a los quebrantados de corazón"* (Lc. 4:18). La cruz no es escenario para exhibir cicatrices; es el lugar donde cada herida encuentra final y cada vida, nueva historia. Lideremos con esa convicción.

SANIDAD QUE SE MODELA PRIMERO EN EL LÍDER

Antes de guiar a otros a la sanidad en Cristo, debes encarnarla. No basta predicar restauración; sé evidencia viva. Un líder no puede llevar a su gente a un lugar que él mismo rehúsa visitar.

¿Cómo moldeamos esa sanidad? Asumiéndonos. Deja de correr detrás de la agenda y mira adentro. Reconoce heridas, tendencias y emociones no resueltas. No para quedarte en introspección, sino para permitir al Espíritu transformar lo que aún duele. *"Ocúpense en su salvación… porque Dios produce en ustedes el querer y el hacer"* (Flp. 2:12–13). Dios obra; tú cooperas con intencionalidad y disciplina.

Recursos celestiales
La **Palabra** que corta hasta lo más profundo (He. 4:12)
El **Espíritu** que convence, consuela y guía a la verdad (Jn. 16:13)

La **Oración** que moldea el corazón y alinea la mente (Flp. 4:6–7)
La **Gracia** que cubre y da valentía para enfrentar lo pendiente (2 Co. 12:9).

Recursos humanos
Comunidad espiritual que corrige y acompaña (Stg. 5:16)
Mentores y líderes maduros que confrontan con amor (Pr. 27:17)
Consejeros y profesionales como instrumentos de la gracia común para procesar heridas y formar hábitos.
Ritmos de descanso y recreación: parte del diseño de Dios para restaurar cuerpo y mente (Éx. 20:8–10).

Y sí, inversión real: no creo en líderes que dicen "la terapia es cara" pero sí pueden organizarse para el nuevo celular o el viaje impulsivo. Si tan poco te importa tu crecimiento, ¿cuánto te importará el de otros? Nunca amarás de forma responsable más allá del amor sano que te tienes. Tu dedicación a tu desarrollo es el techo del amor que podrás ofrecer. Un líder que no invierte en su sanidad emocional y espiritual edifica con paredes agrietadas; tarde o temprano, esas grietas se notan… en la gente que dice amar.

SANIDAD ESPIRITUAL: CUANDO EL CORAZÓN PREDICA MÁS FUERTE QUE EL MICRÓFONO.

La sanidad espiritual de un líder no se mide en números, likes, carisma o "servicialidad". Se nota en algo que no cabe en un reporte: su carácter huele a Cristo. Puedes llenar un auditorio; pero si tu vida no está llena de Jesús, solo mueves aire con sonido.

Sanidad espiritual es vivir tan reconciliado con Dios que tu vida se vuelve puente. *"Por medio de Cristo, Dios reconcilió consigo todas las cosas"* (Col. 1:20). Ese es el centro del liderazgo sano: ser evidencia de que la cruz sigue cerrando brechas.

Míralo claro.
— Puedes saber todos los coritos y tratar a la gente como desechable.

— Predicar con fuego el viernes y el sábado no saber perdonar.

— Subir versículos a stories y el lunes ignorar al compañero de clase.

Eso no es sanidad; es espectáculo. Sanidad espiritual se nota cuando tu vida secreta y tu vida pública cuentan la misma historia.

Los líderes sanos no tienen espiritualidad de escenario; tienen vida de raíz. La oración no es plan B cuando toca predicar, es oxígeno diario. *"Quiero conocer a Cristo y experimentar el poder de su resurrección"* (Flp. 3:10). Ese conocer no es teoría; es búsqueda que rompe el orgullo y arma de paz.

Sanidad se ve cuando tu playlist de oración no es solo para el carro, sino para cuando la ansiedad muerde en la madrugada. Cuando tu Biblia no es "material de prédica", sino espejo que te confronta antes de confrontar. Cuando tu círculo puede decir: "lo que predica, lo vive".

Jesús lo dijo: *"Separados de mí, nada pueden hacer"* (Jn. 15:5). Traducción generacional: sin Jesús acumulas likes, no legado.

Un líder espiritualmente sano es una contradicción viviente a la cultura.

— En un mundo que aplaude la doble vida, elige integridad.

— En un mundo que corre sin parar, elige estar a solas con Dios.

— En un mundo que colecciona seguidores, elige primero ser seguidor de Cristo.

Frase para llevarte: *Tu ministerio será tan fuerte como tu tiempo secreto con Dios.*

Lo demás es ruido.

Gálatas 5:22–23 lo llama "fruto del Espíritu": amor, gozo, paz, paciencia, bondad, fidelidad, mansedumbre y dominio propio. No un calendario lleno; sino un carácter lleno de Cristo. La sanidad espiritual no es "extra" para líderes: es la prueba de que el evangelio que predicamos también nos alcanzó. Quieres reconciliar a otros: deja que esa reconciliación te moldee primero. La gente puede discutir tu teología, pero no puede negar un corazón que suena a Jesús.

RENDICIÓN DE CUENTAS: BLINDAJE, NO DEBILIDAD

Un líder sano no camina sin supervisión. Rinde cuentas, se somete, se reporta y —sí— tiene a alguien que le jale las orejas cuando hace falta. *"Obedezcan a sus líderes… pues velan por ustedes como quienes han de rendir cuentas"* (He. 13:17).

Rendir cuentas no es debilidad; es blindaje. Es decir: *"Prefiero corrección a tiempo que desastre en silencio."* El líder sin nadie que le diga "alto" termina adorándose a sí mismo.

"TU MINISTERIO SERÁ TAN FUERTE COMO TU TIEMPO SECRETO CON DIOS."

Busca mentores, pastores y amigos maduros que miren tu vida de frente y te hablen verdad sin miedo a perder tu amistad. Un liderazgo sin corrección es un accidente en proceso; un liderazgo que se deja confrontar es un árbol que da fruto en cada temporada.

LÍDERES DE MÁRMOL

Todos hemos visto esas estatuas de plaza: pulidas, perfectas, siempre en pose heroica… y frías al tacto.

Durante años, así se imaginaba el liderazgo: distante, inalcanzable, hecho de mármol. El tipo de líder que parece vivir en una vitrina: impecable en la foto, impecable en el discurso… y tan lejos de ti que no sabrías ni por dónde empezar una conversación.

Pero mira alrededor: esa época se acabó.

Las generaciones que hoy levantan la voz ya no confían en héroes de pedestal. Han visto caer demasiados ídolos—políticos, celebridades, pastores, influencers—y aprendieron que la perfección de escaparate suele esconder grietas. No quieren estatuas, quieren seres humanos. Y lo dicen con sus clics: el contenido que más engagement logra en redes no es el más producido, sino el más orgánico y real.

Piensa en tu feed: el video que se vuelve viral no es el de la campaña de cientos de dólares, sino el del tipo que canta en su cuarto con el pelo despeinado. El post que llena de comentarios no es el del estudio con luces de cine, sino el de alguien que grabó una historia mientras lavaba los platos. La gente se queda donde siente que puede entrar, no donde tiene que mirar desde lejos.

"LA GENTE PUEDE DISCUTIR TU TEOLOGÍA, PERO NO PUEDE NEGAR UN CORAZÓN QUE SUENA A JESÚS."

Incluso los famosos que sobreviven hoy lo saben: ya no basta con brillar, hay que responder. No se trata solo de subir fotos, sino de contestar mensajes, de hablar en vivo, de dejar que el público vea que hay carne y no solo mármol. La fama, ahora, se sostiene por conexión, no por distancia.

¿Y qué tiene que ver esto contigo como líder cristiano? Todo.

El Reino no se edifica con esculturas de museo, sino con hombres y mujeres de carne y hueso. Jesús nunca se presentó como estatua: tocó leprosos, comió con pecadores, lavó pies polvorientos. El Hijo de Dios no pastoreó multitudes desde un balcón; caminó entre ellos. En un mundo cansado de impostores, esa cercanía sigue siendo su firma… y debería ser la nuestra.

Aquí va el reto: si tu liderazgo necesita un pedestal para mantenerse, ya perdiste.

En un tiempo donde lo "orgánico" conquista más que lo perfecto, ser cercano no es una opción de estilo: es la única forma de que tu influencia sea creíble. El respeto ya no se gana con distancia; se cultiva con presencia.

CERCANÍA QUE NO DILUYE AUTORIDAD

La cercanía de un líder no le resta autoridad; la valida. Jesús lo demostró una y otra vez.

Comía con pecadores (Lucas 15:2), tocaba a los enfermos sin miedo al contagio (Marcos 1:41) y, en la escena más desconcertante de todas, lavó los pies de sus discípulos (Juan 13). El Hijo de Dios, el que sostiene el universo, se agachó hasta el polvo para servir. Y, aun así, nadie salió de allí dudando de quién era.

Juan lo resume en una frase que parte la historia en dos: "*Y el Verbo se hizo carne… lleno de gracia y de verdad*" (Juan 1:14)

Gracia para acercarse, verdad para confrontar.

Su cercanía no lo hizo menos Señor; su autoridad no lo hizo menos accesible.

ESE ES EL MAPA PARA TI COMO LÍDER

Ser accesible no significa volverte "uno más" hasta perder el peso de tu voz; significa que la gente pueda mirarte y decir: *"Él entiende mi mundo, pero también me reta a salir de él."*

En un tiempo donde la influencia se confunde con popularidad, Jesús nos enseña que la verdadera autoridad no se impone desde un pedestal: se gana sirviendo. La cercanía te da permiso para hablar; el carácter te da derecho a que te escuchen.

La cercanía no te quita autoridad; te la quita que, al verte de cerca, no encuentren a Cristo.
¿Será ese tu verdadero temor?
Que cuando bajen el filtro y te miren de frente descubran que tu vida no se parece al Maestro que predicas.

DISCIPULADO "ORGÁNICO"

El Reino nunca se sostuvo con luces ni con un calendario saturado. Lo que de verdad forma discípulos no son los eventos multitudinarios, sino las relaciones que se cuecen a fuego lento.

Míralo en Jesús: invirtió su mejor tiempo en doce personas. Caminó con ellos por calles polvorientas, compartió pan y fogatas, contestó preguntas incómodas en el camino. No montó una conferencia de tres días; montó una mesa que duró tres años.

Hoy la tentación es otra. Llenamos la agenda de cultos, transmisiones en 4K y campañas que parecen conciertos. Pero los corazones no cambian con más wattios de sonido; cambian cuando alguien se sienta a tu lado y te conoce por tu nombre. Eso es discipulado orgánico: una fe que se transmite en la rutina, no en el espectáculo.

Y que quede claro: orgánico no significa improvisado. Jesús no "perdía el tiempo" con sus amigos; cada conversación era intencional, cada comida un laboratorio de fe. Lo orgánico es visión encarnada en amistad: propósito envuelto en cercanía.

En un mundo que idolatra la producción, apostar por la mesa antes que por el escenario es un acto profético. Como dijo Jesús: "*Yo los elegí para que vayan y den fruto, un fruto que perdure*" (Juan 15:16). Líder, tu mayor plataforma no es el púlpito, es tu mesa de comedor.

El discipulado que transforma generaciones no se mide en likes ni en luces, sino en las historias que se escriben entre risas, preguntas y oraciones compartidas.

RIESGOS Y LÍMITES

Algunos temas necesitan una aclaración honesta; este es uno de ellos. La cercanía es hermosa… hasta que se vuelve una trampa.

Cuando el líder no marca límites, la relación se convierte en dependencia, no en discipulado. Y el daño no tarda en aparecer.

En la vida real se ve así: el joven del equipo que te escribe a cualquier hora porque solo confía en ti; la amiga del ministerio que te busca para cada decisión antes de orar a Dios; el grupo que espera que respondas a todos los mensajes de WhatsApp antes de dormir. Nada de esto empezó con mala intención, pero si no pones límites, terminas cargando pesos que no te tocan.

Como líder, necesitas mantener tu lugar. No porque seas mejor, sino porque esa pequeña distancia es la que mantiene a todos sanos.

Piensa en un fotógrafo: para enfocar bien, tiene que dar un paso atrás. Si se queda demasiado cerca, la imagen sale borrosa. Así también en el liderazgo: un poco de espacio permite que quienes te siguen vean el cuadro completo de tu vida y puedan imitar el rumbo, no solo un gesto aislado.

Esto no es frialdad; es amor con sabiduría. Es decir: *"te acompaño, pero no soy tu salvador."*

Y sí, a veces esa decisión se siente solitaria. Hay noches en que te gustaría responder cada mensaje, estar en cada llamada, cargar cada lágrima. Pero eliges la soledad que protege, porque entiendes que si te vuelves indispensable, le robas a Cristo el lugar que solo a Él le pertenece.

Abrazamos esa distancia por amor. Para que, cuando nos miren, no se queden enganchados en nosotros, sino en el Dios al que seguimos. Un líder que se atreve a poner límites no se esconde: se cuida para poder cuidar, se aparta un paso para que otros vean mejor el camino hacia Cristo.

CÓMO SE VE UN LIDERAZGO CERCANO HOY

Un liderazgo cercano no es un eslogan para redes; es una forma de vivir que rompe con todo lo que se entendía por "autoridad" en el pasado. Se ve cuando un líder deja de esconderse detrás de un título y decide estar disponible. Es el pastor que, en lugar de desaparecer al terminar el servicio, se queda en el pasillo para escuchar la historia de alguien que apenas se atreve a hablar. Es el mentor que, en medio de su agenda llena, encuentra tiempo para sentarse a la mesa con un joven y compartir un café sin reloj.

Un liderazgo así rompe el viejo molde del líder intocable y levanta un nuevo estándar: el de Jesús, que se dejó tocar, que caminó entre la gente y que, aun siendo Señor, lavó pies. La invitación es clara: baja del pedestal y deja que tu vida se convierta en un espacio donde otros puedan encontrar a Cristo. En un mundo cansado de máscaras, la verdadera autoridad no se mide en distancia, sino en presencia. Sé el tipo de líder que, cuando alguien se acerque, no encuentre mármol frío, sino el calor del Maestro que vive en ti.

WWW.RENACEREDITORIAL.COM

www.ingramcontent.com/pod-product-compliance
Ingram Content Group UK Ltd.
Pitfield, Milton Keynes, MK11 3LW, UK
UKHW021522300726
14060UKWH00012B/590